道路桥梁BIM
建模与应用

林永清　赵久敏　主编

U0331745

化学工业出版社

·北京·

内容简介

本书采用具有自主知识产权的国产 BIM 软件——数维道路设计软件、建筑可视化渲染平台 FalconV 来创建道路、桥梁模型并输出渲染成果。 通过专用道路工程案例，围绕道路建模、桥梁建模、效果展示与成果输出、实战演练四部分进行详细的讲解。 本书兼顾理论知识的传授和实践能力的培养，通过丰富的案例和实践操作，帮助读者熟练掌握道路、桥梁 BIM 建模的方法和技巧。 配备了 PPT 等学习资源，使学习更加高效、便捷。

本书可作为高校道路与桥梁工程、市政工程、工程造价等专业的教材使用，也可以作为培训机构、BIM 建模人员的指导书。

图书在版编目（CIP）数据

道路桥梁 BIM 建模与应用/林永清，赵久敏主编 .—北京：
化学工业出版社，2024.5
ISBN 978-7-122-45227-6

Ⅰ.①道…　Ⅱ.①林…②赵…　Ⅲ.①道路工程-计算机辅助设计-应用软件②桥梁工程-计算机辅助设计-应用软件
Ⅳ.①U41②U44

中国国家版本馆 CIP 数据核字（2024）第 053647 号

责任编辑：吕佳丽　　　　　　　　　文字编辑：郝　悦　王　硕
责任校对：边　涛　　　　　　　　　装帧设计：李子姮

出版发行：化学工业出版社
　　　　　（北京市东城区青年湖南街 13 号　邮政编码 100011）
印　　刷：三河市航远印刷有限公司
装　　订：三河市宇新装订厂
787mm×1092mm　1/16　印张 13　字数 347 千字
2024 年 8 月北京第 1 版第 1 次印刷

购书咨询：010-64518888　　　　　　售后服务：010-64518899
网　　址：http://www.cip.com.cn
凡购买本书，如有缺损质量问题，本社销售中心负责调换。

定　　价：39.80 元　　　　　　　　　版权所有　违者必究

前言

建筑信息模型（building information modeling，简称 BIM）技术是建筑业数字化转型的关键技术，位于"十三五"建筑业重点推广的五大信息技术之首，更是"十四五"中智能建造与智慧运维的关键技术。多年来，缺乏 BIM 人才已成为制约企业应用 BIM 技术的最大阻碍，大力培养适应行业未来发展需求的 BIM 技能人才是实现我国建筑产业信息化和工业化深度融合的基础和关键。高校作为人才培养的主要阵地之一，顺应 BIM 技术发展要求，服务建设项目信息化需要，培养熟练掌握 BIM 技术的人才，加快 BIM 教材的改革与创新已经势在必行。目前 BIM 技术在道路桥梁工程中的应用已经进入快速发展时期，但是契合行业发展现状的教材较少出现，因此编者结合 BIM 在道路桥梁工程中的应用编写了本书。

近年来，随着国家 BIM 政策的持续推进，BIM 技术在道路桥梁领域的应用方兴未艾。但是受限于当前行业软件平台，道路桥梁 BIM 从业者被迫使用价格昂贵或对公路、城市道路等"线性"工程支持较差的国外软件，花费极大的精力学习软件操作及格式转换，而不能集中精力于专业本身，这极大地阻碍了行业的发展。本书使用专为道路桥梁设计的"数维道路设计"平台，采用正向设计的建模理念，从工程应用角度出发，创建实际工程项目模型。

本书由北京交通职业技术学院林永清、赵久敏担任主编，陕西交通职业技术学院寸江峰、广联达科技股份有限公司张思、北京市政路桥股份有限公司黄伟担任副主编，广西建设职业技术学院梁志武、北京城市学院高艳华、石家庄铁道大学杨志浩、北京建工集团有限责任公司许欣参与编写。编写分工如下：林永清编写模块一项目一、模块三项目一、模块四，赵久敏编写模块三项目二、模块三项目三、模块五，寸江峰编写模块二项目三、模块二项目四，张思编写模块一项目二、模块二项目五，黄伟编写模块二项目一、模块二项目二。本书的教学视频及 PPT 由各模块编写人员制作。

本书内容精练、实用性强，可以作为开设相关专业的本科、专科院校的教材使用，还可以作为道路桥梁 BIM 从业人员的培训用书。

由于编者水平有限，本书难免会有不足之处，敬请各位读者批评指正。

林永清
2024 年 2 月

目录

模块三　桥梁建模

模块四　效果展示与成果输出

模块五　实战演练

道路桥梁建模认知

项目一　BIM 概述

【学习目标】

知识目标

（1）理解 BIM 的概念；

（2）了解 BIM 的发展历史。

能力目标

（1）能够正确理解行业政策文件；

（2）能够准确描述道路桥梁各阶段的 BIM 应用点。

素养目标

（1）提高爱国热情并增强 BIM 工程师使命感；

（2）提高科技强国认知水平和意识；

（3）培养创新能力和工匠精神。

任务一　BIM 的概念、发展历史与特征

任务引入 ◂

相信读者们听过很多次 BIM，那 BIM 的概念是什么？是怎么发展来的？又有什么作用呢？

任务分析 ◂

工程行业经历了手绘图时代、计算机辅助设计（computer aided design，简称 CAD）时代、BIM（building information modeling，简称 BIM）时代。随着技术的发展，"信息"被插入"建筑模型"中，"建筑模型"演变为"建筑信息模型"。BIM 已成为现在 AEC（architecture，engineering，construction，即建筑、工程和施工）行业的有效工具。

深入理解 BIM 的含义，需要结合规划、设计、施工等阶段建设流程，理解"B""I""M"分别代表的工程本质及相互间的逻辑关系。

任务实施 ◂

一、BIM 的概念

自 BIM 这个新术语被提出后，BIM 技术在不断发展。BIM 的限定范围由狭义的建筑拓宽到广义的建筑，应用阶段由某个阶段拓展到全生命周期，本质由静态模型、信息储存库（由建筑虚拟替代物进行数字化表达）发展到利用数字原型中的信息实现信息共享的业务流程的组织与控制。行业人员对 BIM 的理解也由浅显到深入，其定义或者解释有多个版本，发展至今，已趋于统一。交通运输部办公厅《关于推进公路水运工程 BIM 技术应用的指导意见》（交办公路〔2017〕205 号）中规定：建筑信息模型（building information modeling，

简称 BIM）技术是基于现代信息技术和计算机技术发展融合而成的建筑信息应用技术，利用数字技术存储和传递建筑结构和构造特征，并以 3D 模式直观表述，实现工程设计、施工、养护、运营管理信息传递共享和工作协同，促进工程建设项目全程信息化。

建筑信息模型中建筑是 BIM 的基础（载体），信息是 BIM 的灵魂，模型是 BIM 的成果。"建筑"是直译过来的，"building"不仅包括狭义的工业/民用建筑，还包括市政、道路（简称路）、桥梁（简称桥）、隧道（简称隧）、铁路、地下工程、水利工程等构筑物。"information"包含几何信息、物理信息和规则信息。几何信息是指描述建筑物形态的几何因素，包括大小、空间关系、面积、体积等；物理信息是指以建筑物基本构件为对象，描述这些构件本质特征的因素，包括构件的材质、性能、数量等；规则信息是指能指引项目按照既定目标实施建设的因素，包括施工人力、物料、机械状况、进度要求、成本以及场地布局等。"modeling"不单指建模，更多的是强调全生命周期［勘察、规划、设计、施工、运营维护（运维）］的过程和管理。

二、BIM 的发展历史

目前我们所熟知的"BIM"这一专业术语是自 2002 年开始广泛流传起来的，然而有关 BIM 的概念、实现方法等内容早在此前 20 余年便已出现，并依托相关学者的研究以及软件开发商的实践两方面支持逐步发展开来。在 1974 年 9 月，时任卡内基梅隆大学教授的伊士曼博士（Chuck Eastman，PhD）建立了"建筑描述系统"（building description system，简称 BDS），该系统被公认为 BIM 技术的原型。通过建立建筑描述系统，伊士曼博士对 BIM 理论进行了前瞻性的论述，他也由此被人们称为"BIM 之父"。自伊士曼博士提出建筑描述系统以来，学术界对 BIM 理论的研究愈发深入。学术界将在美国常用的"建筑产品模型"（building product model，简称 BPM）和欧洲（特别是芬兰）常用的"产品信息模型"（product information model，简称 PIM）合并得到了"建筑信息模型"（building information model）这一词组，其缩写正是 BIM。BIM 的另一层含义是建筑信息建模（building information modeling），其中"建模"（building modeling）的概念由美国学者罗伯特·艾什（Robert Aish）在 1986 年首次提出并使用，艾什提出了包括三维建模、参数化设计、数据库建立、自动出图和施工进度模拟的一系列 BIM 应用相关技术。G. A. Van Nederveen 和 F. P. Tolman 教授进一步完善了艾什提出的"建模"概念。以此为基础，Tolman 在 1999 年发表的论文中正式提出"building information modeling"这一名词。

BIM 技术作为促进"交通强国"建设、引领我国交通行业创新发展的新技术、新思路，已成为行业热点并持续升温。近年来，国家密集发布了多项政策。2017 年，交通运输部发布的《推进智慧交通发展行动计划（2017—2020 年）》提出：推进建筑信息模型（BIM）技术在重大交通基础设施项目规划、设计、建设、施工、运营、检测维护管理全生命周期的应用，基础设施建设和管理水平大幅度提升。2018 年，交通运输部发布的《关于推进公路水运工程 BIM 技术应用的指导意见》提出：推进 BIM 技术在公路水运工程建设管理中的应用，加强项目信息全过程整合，实现公路水运工程全生命期管理信息畅通传递，促进设计、施工、养护和运营管理协调发展，提升公路水运工程品质和投资效益。2021 年，交通运输部发布《公路工程信息模型应用统一标准》（JTG/T 2420—2021）、《公路工程设计信息模型应用标准》（JTG/T 2421—2021）、《公路工程施工信息模型应用标准》（JTG/T 2422—2021），三部标准确定了公路设施模型架构、模型编码、数据格式等问题，规范了信息模型在公路工程全生命期应用的技术要求，为下一步公路数字化打下基础。2022 年，交通运输部和科学技术部印发《交通领域科技创新中长期发展规划纲要（2021—2035 年）》，提出：加强在役基础设施智慧维养技术研究；围绕在役基础设施性能提升，突破基础设施全寿命周期健康智能监测、性能精准感知、风险自主预警等技术，开展基础设施智能化检测、数字化诊断、标准化评估、快速化处置技术与装备研发，开发基于建筑信息模型（BIM）和北斗的交通基础设施智慧管养系统，建立基础信息大数据平台，全面推广预防性养护技术；推动智慧快速维养技术研发应用，研究基础设施结构加固、耐久性提升、灾后修复等技术方法和标准体系。2023 年，交通运输部发布的《关于推进公路数字化转型 加快智慧公路建设发展的意见》提出：到 2027 年，公路数字化转型取得明显进展，构建公路设计、施工、养护、运营等"一套模型、一套数据"，基本实现全生命期数字化；到 2035 年，全面实现公路数字化转型，建成安全、便捷、高效、绿色、经济的实体公路和数字孪生公路两个体系，公路建设、管理、养护、运行、服务数字化技术深度应用，提升质量和效率、降低运行成本。

各省市也陆续出台具体的 BIM 实施政策。北京、上海和江苏等地方政府都出台了建筑信息化相关政策，普遍规划了对 BIM 技术的试点和推广计划，鼓励或者要求企业或政府在新项目的施工中使用 BIM。

三、BIM 的特征

早期的 BIM 研究者根据数据库技术、面向对象方法、网络技术、信息集成理论以及对 BIM 模型的观察理解得出了 BIM 的完备性、协调性、协同性、可计算性与可视化、可模拟、可优化、可出图等特性，后来研究者又对 BIM 增加了信息关联性、仿真性、一致性、互操作性、一体化、参数化等特性。这些特性有些在逻辑上有重叠之处，有些又被后来者拓展了原有的内涵，导致了很多对 BIM 认识的误区。归纳起来，BIM 有以下特性：

1. 完整性

BIM 的完整性体现在四方面。其一，BIM 是一种图形静态信息完备的模型，包含几何信息和非几何信息。其二，BIM 是一种完整的构件对象数据模型，BIM 模型中不仅描述了构件的静态属性，还包含了构件的行为与方法，构件之间的关系、联系以及规则。其三，BIM 模型中包含了完整的建筑要素，BIM 模型中不仅有建筑的技术信息与功能信息，还包含艺术信息，是构造模型、功能模型与展示模型的集成。其四，BIM 数据库符合数据完备性法则，即 BIM 模型的数据符合数据完整性约束条件，可以限定符合数据模型的数据库状态及状态变化，可以保证数据在该约束下的正确性、有效性与相容性。

2. 一致性

BIM 的一致性体现在四方面。其一，逻辑模型与人类语言的一致性。BIM 模型与数据库以及人类同样用建筑构件的静态特征、动态特征以及相互关系来描述建筑产品，其信息载体一致、语法一致，而且语义一致。其二，各类工程文件的信息一致性。工程信息是和核心数据库相互关联的，保证了各交互视图（平/立/剖视图及明细表等）里信息的一致性，任一信息只要在任一视图中输入一次，数据库与其他视图中自动获得相应的信息，无需重复输入。其三，模型操作时的信息动态一致性。BIM 模型里的对象是计算机可识别且相互关联的，计算机不但记录了各个构件对象自身的属性与操作，而且包含了行为与约束。在任意一个对象发生变化时，与之相关联的对象都会按约定的规则发生变化，以保持信息在工程逻辑上的一致性，亦称为协调性或关联性。其四，不同的建筑阶段，不同建筑应用的信息一致性。由于 BIM 模型不仅包含几何信息，还可以加载对象名称、对象标识（ID 等）、构成材料、物理性能等设计信息，和工程管理所需的生产厂商、供货时间、施工工艺等施工信息，以及保修时间等运维信息，因此成为一个强大、丰富的数据库。

3. 可计算性

可计算性指计算机可直接计算。BIM 是计算机可识别的工程信息，计算机理解模型的工程含义，就可以进行各种分析计算，模拟模型在真实世界的属性和行为。该特性使得

BIM 为工程项目的设计、施工方案的优化提供了一个很好的工具，可以让用户对不同方案进行对比，明确哪种方案更有利于自身需要，对设计、施工方案进行优化，降低成本与造价，加快工程进度。

4. 协同性

严格而言，协同性并非 BIM 技术本身的特性，早在二维 CAD 时代就有大量利用 CAD 图层协同工作的研究与实践，而项目管理信息系统、办公自动信息系统等管理系统也都有协同与集成方向的拓展。BIM 的协同性主要指工程信息的可计算性提升了计算机在建筑行业的工作能力并扩大了其工作范围，为更加智能化、自动化的协同工作与并行工程提供了技术基础。BIM 技术用产品结构进行信息拆分与组合，可以非常有效率地进行人与人的分工协作，其远比二维 CAD 的基于图形元素的信息拆分更有效率，利于计算机与计算机的分工协作，利于进行设计与施工管理，实现协同工作。

5. 互操作性

与其他计算机技术一样，BIM 并不是一种孤立的软件技术，而是一套以人为核心的人机交互系统，数据不仅可以直接与人交互，还可以通过各种视图表达形式与人间接交互。这些视图不仅可以作为一个人机交互界面，视图自身也可以作为文件输出，视图中的元素也可以作为载体加载信息，从而成为一个构成更为复杂、功能更加强大的集成数据库。人与计算机的交互、计算机与计算机的交互以及计算机内部的各功能部分之间的交互等，实现了人机之间、机机之间、数据库与数据库之间的互操作性。目前对于互操作性的研究尚处于非常初级的阶段，比较有代表性的 IFC、NBIMS 标准都远未达到可以用于工程实践的程度，从机械制造业工业自动化系统与集成系列标准（产品数据的表达与交换标准是其中的一个子集，又称 STEP，而 IFC 来源于这个标准）历经三十余年发展尚未完善的历史经验来看，尽管这种以互操作性为目标的开放标准价值非常大，但还有很长的一段路要走。

6. 参数化

BIM 的参数化一般指尺寸驱动设计修改，它与特征建模之间的相互关系尚有不同的解释。当参数化采用包含基于特征的定义时，参数化包括基于特征、全尺寸约束、全数据相关与尺寸驱动设计修改等。比较先进的建模软件还采取了变量化建模、行为建模、同步建模甚至生成式建模等技术，但这一类软件同样都具有参数化建模的能力，因此可以把参数化当成这一类技术最基本的能力。有些文献把构件的几何与非几何属性称为属性参数，这是一种狭义的解读，与当代 BIM 建模软件的特性不一致，是"BIM 就是带信息的三维模型"这一观点的来源之一。

7. 智能化

智能化指 BIM 模型中可以内嵌各种工程知识，让各种模型构件拥有各种符合工程逻辑的行为，是基于模型的一致性与可计算性的进一步拓展。有一部分研究者认为智能化还应包含对模型数据挖掘处理所形成的各种知识与智慧，严格而言，这属于建筑信息管理的范畴，是对智能化的延伸。当前的 BIM 建模软件大多是建筑业通用软件或者主要应用于房屋建筑，只能内嵌一些行业共同的工程知识，智能化程度较为有限，将来随着软件专业化程度的提高，其智能化程度有望不断提高。

8. 可视化

BIM 技术可以从数据库中提取建筑物的几何信息与材质等信息，依据人的视觉原理、材料的几何与光学等特性，将这些信息加工成为三维可视化模型，通过显示器与 3D 打印机等输出设计模型并与人进行交互，使用户在虚拟世界中看到拟建建筑物在真实世界中的视觉效果，还可以在三维环境中操作修改模型，修改结果即时反映在三维模型中，即"所见即所得"。

9. 可进行文档制作（可出图性）

BIM 数据库中的数据可以按用户需求进行全部或部分地提取，处理加工成各种交互视图，如线框模型、实体模型、平面图、立面图、构件明细表等。这些视图可以单独以文件方式输出，作为工程文档的一部分。

需要说明的是从 BIM 数据库提取几何与非几何信息，并用图形学原理加工处理成为二维工程图只是 BIM 文档生成的一部分内容。而事实上 BIM 所能生成的文档（即 documentation），不仅包括工程图与明细表，还可以用数据库等方式输出。

任务总结 ◂

通过完成该任务，了解了 BIM 的发展历程，掌握了 BIM 的概念，理解了 BIM 的特征，为后续理解和使用数维道路设计平台打下基础。

任务二　BIM 技术在道路桥梁中的应用

任务引入 ◂

BIM 被引入中国已有 20 余年，在各专业方向发展程度各有不同，BIM 技术在道路桥梁工程中有哪些应用呢？

任务分析 ◂

和建筑工程相比，道路桥梁作为线性工程具有很强的工程特点。BIM 技术在道路桥梁中的应用需要基于其规划、设计、施工、运营维护等阶段的特性和软件的支持程度综合考虑。

任务实施 ◂

一、规划阶段

在项目规划阶段，设计方可以运用 BIM 全生命周期的理念和技术，根据规范及建设标准快速建立公路项目的可行性研究模型，把路线走廊带以动画的形式显示出来，使建设方、各专家及决策方直观地在模型中进行方案比选。

规划阶段主要是做可行性研究，要求模型简洁、快速地把全线中的关键控制点及重要构造物展示出来，而不需要具体、详细的结构参数。可采用 BIM 技术导入地面高程等相关数据信息，建立项目周边数字化模型。在模型中，基于三维地形创建路线，形成三维立体选线系统，在对关键参数进行调整的情况下获得多个公路线路设计方案，并通过对不同设计方案的优缺点进行比对，还可以进行工程投资概算、工程量查询、工期制定等，系统产生的数据也可为后续设计奠定基础。

二、设计阶段

1. 可视化设计

使用 BIM 技术进行设计，在整个设计阶段都是直观可视的。BIM 可视化不仅可以用来展示三维效果图及指导设计，更重要的是项目复杂设计阶段的沟通、交流、讨论、决策等都能够在可视化的状态下进行，极大地提高了工作效率。

2. 协同设计

运用 BIM 的信息资源共享平台，各个专业组都在这个平台上进行专业设计，可以真正实现资源共享、高效管理和信息互动，有效地提高了设计工作的效率。同时，利用这个平台，设计人员可以方便、快捷地修改设计工作中出现的问题，使设计、计算、绘图、出版以及各专业组之间的交流高效地结合起来，形成设计、审核、复核一体化的设计理念。BIM的协同性服务还可以解决设计时的构件"打架"问题，比如对桥梁设计中机电管线的布置而言，BIM共享平台可在施工前期对管线布置进行调整，生成合理的布置形式，使桥梁专业组和机电专业组更好地协同设计。

3. 优化设计

整个设计过程是一个设计→建模→审核→优化→设计的循环过程。在初步模型设计完成后，设计人员对BIM模型进行审核，对审核中出现的问题，通过优化、继续审核、再优化，不断更新设计模型，使设计模型更加完美。而且在BIM模型中，所有构件都具有各自的物理特性和功能特性，然后通过一定的逻辑关系形成构造物，对某个构件进行修改后，将对在模型中所有与其具有逻辑关系的构件进行同步修改，实现一处修改、处处更新，降低了设计人员工作中的重复率和错误率，极大地提高了工作效率。

4. 成本控制

基于BIM模型的工料计算比基于2D图纸的预算更加准确，由于更多的工作由计算机完成，便于校核直接生成的项目成本，为业主控制成本提供了方便。

在编制设计概算时可结合BIM技术软件来统计初步工程量，进而形成项目概算书，这样可避免人工编制概算书存在计算错误的现象，降低人工计算的失误率。此外，设计概算阶段的工程量和设计图纸未完全确定，仅是初步造价核算，需在此基础上再次进行全面、精确的施工图设计和预算，利用BIM技术可减少施工图设计中的缺陷，提高预算质量，结合设计完成的工程模型，导入软件后直接导出工程量文件。

三、施工阶段

1. 施工可视化应用

在施工阶段，技术人员通常以图纸和规范进行技术交底，可视化程度低，交底时施工人员易产生理解错误而导致施工材料浪费或施工进度拖延。结合BIM模型向施工单位进行技术交底，能够通过BIM模型的可视化和信息性向施工人员详细介绍设计思路，对施工危险、施工难度大的地方进行协调修正，避免实际施工工艺与施工图纸产生分歧的情况，从而避免施工浪费与质量不达标的问题。通过虚拟现实（VR）和增强现实（AR）等技术，施工人员可以在模拟环境中进行培训和指导，提高施工的准确性和安全性。

2. 施工模拟

BIM可以用于模拟和优化公路工程的施工过程，即施工前根据施工方案将BIM模型进行切分，定义BIM模型的时间、位置、资源需求等参数，在计算机中模拟建造过程。用这种方法，将施工时间作为单位，对施工进行模拟，可同目前施工现场的环境相结合，及时调整工程情况，从而对不同的施工方案进行调整。应用BIM技术进行生动、直观的过程模拟，可以对复杂工序进行细化分析，进而对施工工序进行优化，施工人员可以有效分析复杂结构的施工工序是否合理、预制构件的吊装程序是否合理，从而提高施工效率和质量。

3. 施工协调管理

利用BIM的信息数据共享平台进行施工模拟，能使项目各参与方之间的交流协调变得高效、快捷。这个资源共享平台，可以使建设方、设计方、咨询单位、施工方、总承包商、专业分包方、材料供应商等众多参与方在这个平台上实现数据共享，使交流更为快捷、协作更为紧密、管理更为有效。例如利用BIM施工管理平台，总承包商编制实施阶段的施工组织设计，能够准确地对各专业施工队之间的工作任务进行动态管理，协调各工种之间、各施工单位之间、资源和时间之间、各项资源之间的科学合理关系，使总承包商的总体协调管理工作有条不紊地进行，极大地提高了施工效率，减少了返工率。

4. 施工现场管理

利用 BIM 信息平台，将 BIM 与现代数码设备结合起来，对关键部位、控制性构造物实现数字化的监控模式，可以更有效地管理和指导施工现场，监控施工质量，控制施工进度。这种模式不仅提高了工作效率，减少了管理工作的工作量，而且还可以帮助管理人员尽早发现质量问题，并将质量问题消除于初始阶段，防止因质量问题的恶化而造成无法挽回的损失。BIM 与现代技术（比如 GPS、激光扫描、移动通信、物联网等）的结合也使得工程项目的远程管理成为可能，让项目各参与方的负责人都能在第一时间了解现场的实际情况，可以及时对现场施工进行指导、记录、追踪、分析，不仅有效地控制了施工质量和施工进度，提高工作效率，而且为项目运营维护阶段提供了准确直观的 BIM 数据。

四、运营维护阶段

工程的运营维护阶段在其全生命周期中是耗时最长、信息量和管理工作量最大的一个阶段。公路工程结构体量大、施工环境多变，而在运营维护阶段，所需的信息量更大、参与的人员更广。在传统公路工程中，不同阶段涉及专业众多，在信息的建立与传递过程中容易造成数据丢失，对后期运营维护造成较大的困难。

BIM 在项目运营维护阶段主要应用于工程项目的空间管理、资产管理、安全管理、能耗管理和维护管理等方面。通过构建基于 BIM 技术的协同工作平台，结合计算机、云计算等技术，对运营维护信息数据进行集成化管理，能够提高公路的管理和养护效率。

任务总结 ◄

通过完成该任务，掌握了 BIM 技术在道路桥梁中各阶段的应用，随着 BIM 及相关技术的发展，相关应用将持续深化。

拓展思考 ◄

随着工业化、信息化深度融合带来的新业态、新技术、新模式蓬勃发展，建筑信息模型（BIM）作为一种新的生产范式和信息化的具体应用形态，正成为建筑业改革创新的一项重要驱动力。BIM 技术广泛应用于建设领域的规划设计、施工建造、运维管理等全产业链条，它在场地分析、方案论证、协同设计、施工进度模拟、空间管理、投资估算、成本控制、碰撞检测等方面拥有强大的生命力，对提升建筑建造效率和降低成本具有不可替代的作用，已成为当今建筑业转型升级的革命性技术。BIM 目前所表现出来的巨大价值导向力，必然会改变建筑业的未来，也将增加行业人员的就业选择。

2022 年 9 月 27 日，《中华人民共和国职业分类大典（2022 年版）》（以下简称《大典》）审定颁布会召开，审议通过了新版《大典》。《大典》中首次增加"数字职业"标识（标识为 S），其中标识了"建筑信息模型技术员"。那么道路桥梁的建筑信息模型技术员是如何利用 BIM 技术修路架桥的呢？

模块练习 ◄

（1）简述 BIM 技术产生的背景。

（2）简述 BIM 技术的特点。

（3）根据自身对 BIM 技术的理解和认识，简述 BIM 技术对公路行业带来的好处。

（4）BIM 技术是否值得推广？其发展趋势如何？

项目二　数维道路设计平台介绍

【学习目标】

知识目标

（1）了解数维道路设计平台的特点和功能构成；

（2）熟悉数维道路设计软件中道路和桥梁设计建模流程。

能力目标

（1）能够掌握软件的道路设计流程；

（2）能够掌握软件的桥梁建模流程。

素养目标

（1）培养设计、建模思维能力；

（2）培养理论结合实践的应用能力；

（3）提升国产化软件应用能力。

任务一　平台介绍和功能构成

任务引入 ◂

经过上一项目的学习，了解了 BIM 技术在工程设计行业，特别是道路桥梁专业设计中的重要性。那么人们对目前常用的道路和桥梁 BIM 设计软件的掌握有多少呢？对于国产化的道桥 BIM 设计平台又有多少了解呢？

任务分析 ◂

经过近 40 年的发展，道桥 BIM 设计软件逐步形成以美国、法国、德国为代表的国际市场格局，例如 Autodesk、Bentley、Tekla 等软件系统。虽然国外的 BIM 软件在不同阶段得到了一定程度的应用，但是在我国的本地化过程中也表现出明显的弊端，技术发展进入深水区，国外 BIM 的根本问题逐渐暴露，发展遭遇瓶颈，有很多亟待解决的问题，比如：技术架构陈旧，不适应新技术的发展要求；数据开放性不足，互通兼容性差，导致二次开发成本大；本土化响应能力差；费用昂贵等。

解决相关问题，补齐行业短板，需要抓住自主知识产权的技术话语权，亟须发展基于国产平台的软件生态，支持模型数据在项目的全过程复用，实现规模化推广，最终促成从"国外 BIM 软件"到"国产 BIM 软件"的顺利切换。

时至今日，广联达科技股份有限公司（以下简称广联达）依靠自主、可控、安全的核心技术，打造出生态开放的软件平台，推出路桥隧一体化 BIM 正向设计解决方案。它作为国内数字建筑平台服务商，希望能让中国设计师使用适合自己的设计平台，让全球设计师能够多一个设计平台的选项。

任务实施 ◂

一、平台介绍

广联达 BIM 设计建模平台是广联达正在全力打造的完全自主可控的国产设计建模平台（图 1.2.1），旨在为工程建设行业提供一个支持多专业协同、云加端跨平台、面向业务的 BIM 产品开发平台，目前已具备建筑设计、结构设计、机电设计、道路工程设计等能力。

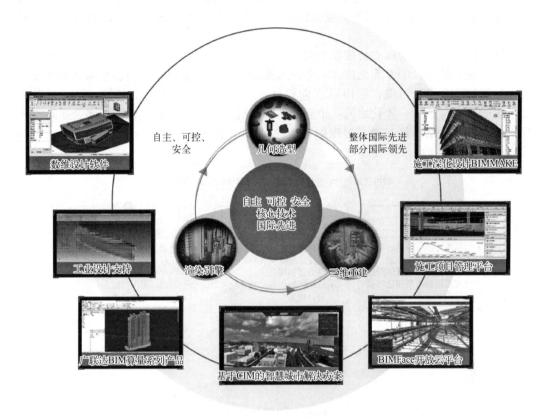

图 1.2.1　自主图形平台

数维道路设计软件是广联达 BIM 设计建模平台中的道路工程设计软件，包含道路、桥梁、隧道三个子系统，为道路工程设计提供了整体解决方案，平台架构见图 1.2.2。软件各子系统之间数据完全互通，且具备高度协同性。

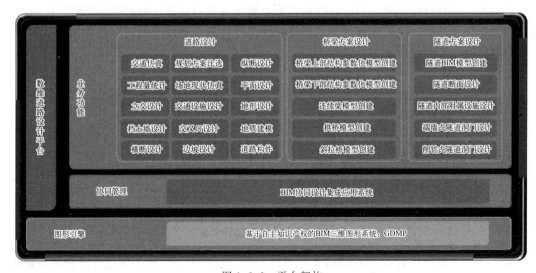

图 1.2.2　平台架构

数维道路设计软件主要功能包含工程管理、构件管理、地形处理、路线设计、纵断设计、横断设计、平交设计、立交设计、边坡设计、桥梁方案设计、隧道方案设计等，为路桥隧设计师或 BIM 工程师全新打造聚焦于路桥隧从方案到施工图设计的符合国内设计习惯与规范标准的 BIM 专业化设计软件，极大地改善目前土木工程 BIM 设计软件的现状，提升设计效率与质量。

数维道路设计软件的核心价值在于路桥隧多专业综合设计只需要一个软件来完成，其包括以下三个核心特点。①专业化设计：专业数据依据设计规范驱动模型创建与联动修改，符合国内标准规范和设计习惯；②BIM 正向设计：从方案到施工图完全打通，可实现图模一体数字化成果交付；③一体化协同：道路、桥梁、隧道、交通工程、管线等多专业基于一个底层平台，实现数据天然互通，深度融合，同时 BIM 模型可打通设计、算量计价、施工一体化应用（图 1.2.3）。

数维道路设计软件的路桥隧一体化BIM正向设计解决方案

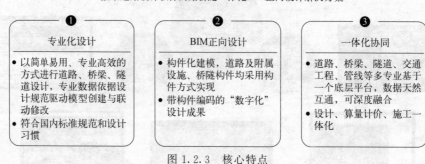

图 1.2.3　核心特点

二、功能构成

数维道路设计软件分为方案设计和施工图设计两个模块。

方案设计模块，可通过 BIM 数据库直接驱动设计成果的生成，实现 BIM 正向设计，快速完成建模工作，且高质量地生成设计模型（见图 1.2.4）。其不改变既有的设计习惯，通过简单轻松的方式即可完成设计建模的所有操作。一个软件就可以实现道路、桥梁、隧道、边坡、交通设施的建模，还支持导入倾斜摄影模型或地形图来创建地形模型，下载在线地形图、影像图，进行模型整合。同时软件内置渲染器，支持一键输出高画质效果图，还可进行漫游视频制作及导出，一款软件可完成多款软件工作，在提高效率的同时，避免因导入导出导致的数据丢失问题（图 1.2.5）。

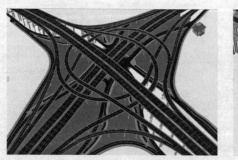

图 1.2.4　数维道路设计成果

施工图设计模块可有效解决 BIM 出图难的问题，结合二、三维一体化设计和联动更新，

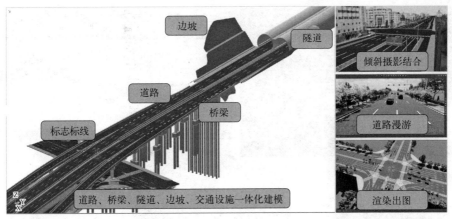

图 1.2.5　多专业一体化设计

打通方案与施工图之间的壁垒，使设计成果高度复用，提质增效。数维道路设计软件采用
BIM 设计的方式，一方面使设计过程三维可视化，另一方面保证图、模、量一致。综合方
案设计成果可复用于施工图设计，节省施工图设计成本，同时施工图基于方案设计成果进行
深化，保证设计成果的合规性。其相关出图效果如图 1.2.6～图 1.2.9 所示。

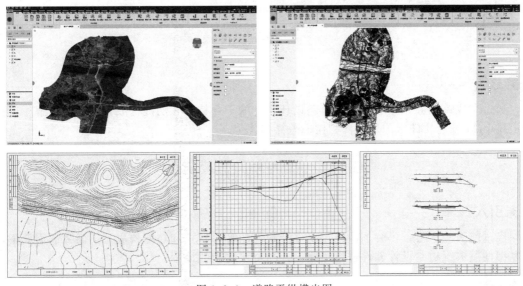

图 1.2.6　道路平纵横出图

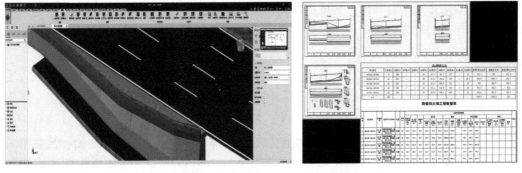

图 1.2.7　挡土墙平立面出图

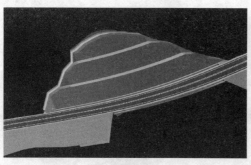
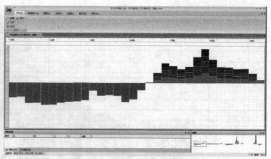

图 1.2.8　土石方调配及计算出图

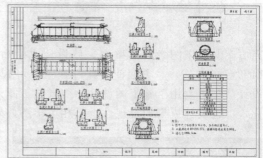

图 1.2.9　涵洞设计出图

任务总结 ◂

通过完成该任务，掌握了数维道路设计软件的平台特点和功能构成，同时也了解了国产化道桥 BIM 设计软件与国外软件相比的差异与优势。

任务二　道路桥梁建模流程

任务引入 ◂

经过前面的学习，了解了数维道路设计软件的平台特点和功能构成，下面我们需要学习和掌握使用数维道路设计软件进行道路设计和桥梁建模的流程。

任务分析 ◂

作为一款国产化平台软件，数维道路设计软件通过简单易学、专业高效的方式进行路桥隧设计和建模，同时能够满足国内设计师的设计习惯和操作流程（图 1.2.10）。

任务实施 ◂

一、道路设计

1. 地形创建

支持联机底图、地形图、影像图、横断测量文件等多种方式生成地形曲面。最常用的方式是通过 DWG 文件生成地形：需先将地形图导入，然后依据等高线和高程点生成地形文件，消除错误数据和劣质三角形后，绘制出正确的地形文件（图 1.2.11）。

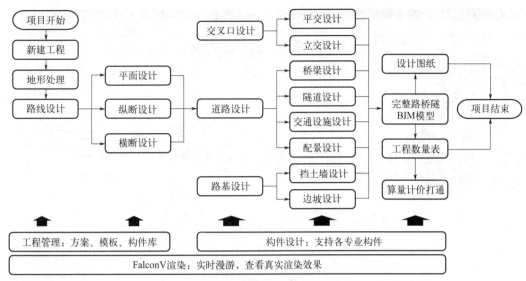

图 1.2.10　总体设计流程

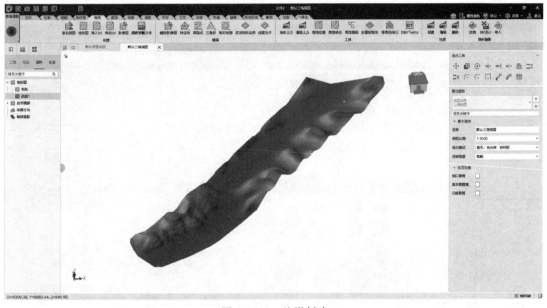

图 1.2.11　地形创建

2. 路线设计

路线设计包括两种方式：导入路线和设计路线。导入路线支持鸿业路线文件、EICAD/DICAD 路线文件、纬地路线文件的导入。设计路线支持导线法、接线法、积木法、变速车道设计、匝道综合设计等方法（图 1.2.12）。

3. 纵断设计

纵断设计内容包括自然纵断和设计纵断。自然纵断包括新建自然纵断、从地形提取自然纵断、从文件导入自然纵断；设计纵断包括新建设计纵断、从文件导入设计纵断。拉坡方式包括自由拉坡、定桩号、定高程、定前坡、定后坡、反算竖曲线半径、反算变坡点高程等不同方式（图 1.2.13）。

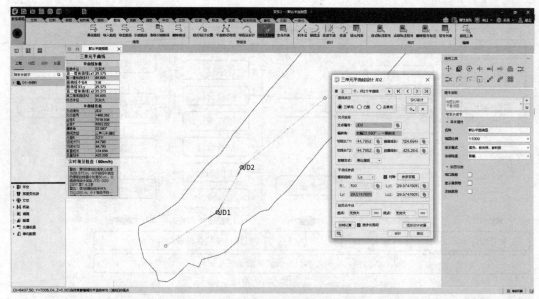

图1.2.12 路线设计

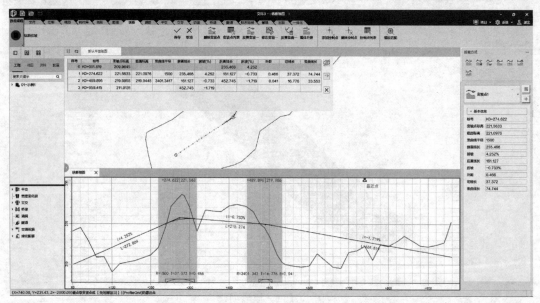

图1.2.13 纵断设计

4. 道路设计

道路设计包括创建道路模型以及平面编辑、布置附属设施等，如超高加宽、路幅过渡、道路出入口、港湾车站、道路护栏。软件内置常用板块方案可自定义，各结构层模型拥有独立分类编码（图1.2.14）。

5. 平交设计

平交设计包括交叉口设计、加铺转角设计和导流岛设计。加铺转角设计包括出入口附加车道的过渡段、加宽段、导向车道的设计，和加铺转角、外侧转角设计。导流岛设计包括入口道、出口道、右转道、端部圆角、人行横道、缘石、结构层等的设置（图1.2.15）。

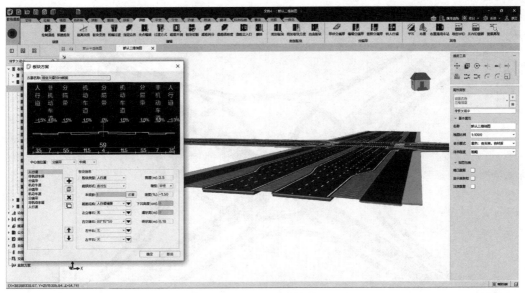

图 1.2.14 道路设计

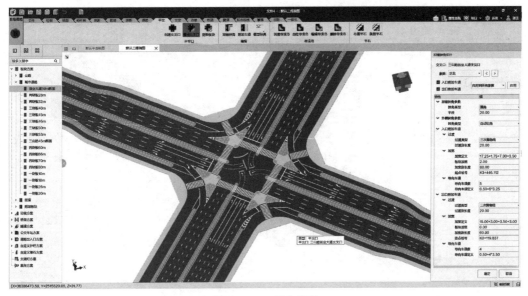

图 1.2.15 平交设计

6. 立交设计

立交设计是指通过对立交连接部参数进行设计以完成立交的创建，包括变速车道、辅助车道、鼻端参数的设计，匝道纵断传坡等（图 1.2.16）。

二、桥梁建模

1. 构件编辑

系统内置了常用桥梁上部结构和下部结构的构件，用户可任意取用，也可以对内置构件进行编辑或新建构件（图 1.2.17）。

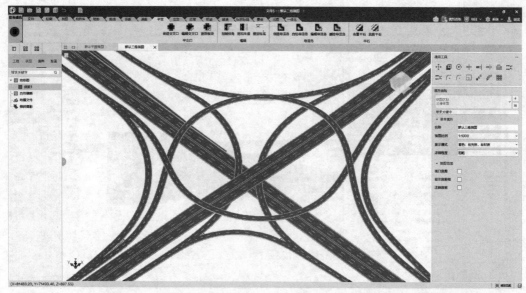

图 1.2.16　立交设计

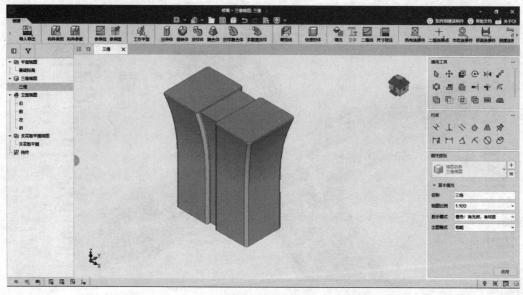

图 1.2.17　构件编辑

2. 梁式桥创建

梁式桥创建过程包括梁式桥设计、桥梁上部结构设计等。梁式桥设计：桥梁布跨后进行上部结构和下部结构的设计，可根据路线、地形条件进行桥梁方案自动生成。桥梁上部结构设计：确定上部结构形式，包括 T 梁、箱梁、空心板等形式。桥梁下部结构设计包括桥台、桥墩、系梁、盖梁、墩帽、承台、桩基础设计（图 1.2.18）。

3. 复杂桥梁创建

复杂桥梁创建包括斜拉桥/悬索桥设计、拱桥设计等。斜拉桥/悬索桥设计：需先选择需要布置索塔的桥梁，布置完索塔之后进行悬索和斜拉布置，最终完成斜拉桥和悬索桥的设计。拱桥设计：需先选择需要布置拱桥的桥跨，然后进行拱片设计、纵横梁主梁结构设计、

图 1.2.18 梁式桥创建

风撑设计、拱脚拱座设计（图 1.2.19）。

图 1.2.19 复杂桥梁创建

任务总结 ◀

　　通过完成该任务，掌握了通过数维道路设计软件进行道路和桥梁设计建模的流程。总体来说，软件的流程设置符合国内设计师的使用习惯和操作流程。

拓展思考 ◀

近几年，国家出台了多个政策支持国内 BIM 市场的发展。2017 年，住房和城乡建设部发布的《关于印发建筑业发展"十三五"规划的通知》提出："加快推进建筑信息模型（BIM）技术在规划、工程勘察设计、施工和运营维护全过程的集成应用，支持基于具有自主知识产权三维图形平台的国产 BIM 软件的研发和推广使用。"2020 年 9 月，住房和城乡建设部发布《关于加快新型建筑工业化发展的若干意见》，提出要加快新型建筑工业化发展，以新型建筑工业化带动建筑业全面转型升级，打造具有国际竞争力的"中国建造"品牌，推动城乡建设绿色发展和高质量发展。

工业和信息化部自 2019 年起，针对 BIM、CIM 等国产化平台进行工业互联网创新发展工程规划的项目研究，鼓励我国企业和科研机构进行国产设计软件的研发工作。民族企业肩负发展科学技术、支持国家战略部署的重大责任，需联合众企业、高校、科研单位合作，推进设计软件国产化，为助力智慧城市建设、工程建设信息安全提供保障。开发自主可控的 BIM 设计软件，营造良好的 BIM 软件开发环境，增加国产软件在 BIM 市场中的占有率，打造建筑业信息的"护城墙"是现阶段建筑业亟待完成的核心任务。自主可控技术关乎国家战略，国产行业软件亟待发展，在打破美国等国家的技术封锁与行业垄断的同时，应加强创新思路，提升原始创新能力，抢占行业发展制高点。

一方面，在工业和信息化部的推动下，以"面向建筑工业互联网的 BIM 三维图形系统""BIM 建模施工软件项目：大型 BIM 设计施工软件"为主的项目筑牢了国产 BIM 正向设计软件的底层技术。另一方面，以广联达为代表的国内 BIM 软件厂商结合自身优势，在国产 BIM 软件领域持续发力，取得不错的成效，特别是在国产设计 BIM 软件领域，已有商业化软件问世，一批头部的设计企业纷纷开始带头将国产 BIM 软件应用于实际生产。

项目一 选线定线

【学习目标】

知识目标

（1）了解我国地形条件；

（2）掌握道路种类；

（3）掌握道路选线定线原则、方法和步骤。

能力目标

（1）能够创建地形；

（2）能够在创建的地形上根据地形条件选定路线。

素养目标

（1）培养因地制宜、合理开发的思想；

（2）培养综合判断、选择路线方案的能力。

任务一 创建地形曲面

任务引入 ◀

图 2.1.1 为"专用道路"地形图，请创建该专用道路地形曲面。

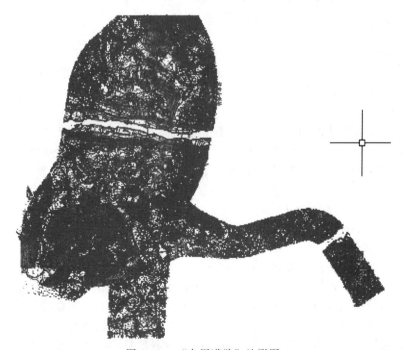

图 2.1.1 "专用道路"地形图

任务分析

创建地形曲面是构建道路桥梁模型的基础，创建地形曲面前需先了解我国地形条件以及道路分类与技术标准，为后面选线定线奠定理论基础，然后通过软件创建地形曲面。

知识储备

道路是为国民经济、社会发展和人民生活服务的公共基础设施，是供各种车辆（无轨）和行人等通行的工程设施。道路交通的发达程度已经成为衡量一个国家经济实力和现代化水平的重要标志。

一、地形条件

我国幅员辽阔，各地地理位置和自然条件各不相同，而道路是设置在大地表面的带状工程设施，因此道路设计受到各种自然条件的限制。影响道路设计的自然因素主要有地形、气候、水文、地质、土壤及植被等，这些自然因素主要影响道路等级和设计速度的选用、路线方案的确定、道路平纵横的几何形状、桥隧等构造物的位置和规模、工程数量和造价等。

地形决定了选线条件，并直接影响道路的技术标准和指标。按道路布线范围内地表形态、相对高差、倾斜度及平整度，将地形大致划分为平原地形、微丘地形、山岭地形和重丘地形。

1. 平原地形

平原地形指地表平坦、无明显起伏，地面自然坡度在3°以内的一般平原、山间盆地、高原等。

2. 微丘地形

微丘地形指起伏不大，地面自然坡度在20°以下，相对高差在100m以下的丘陵。对于河湾顺适、地形开阔、有连续宽台地且路线纵坡平缓或略有起伏的河谷地形（河床坡度多在5°以下，地面自然坡度在20°以下）属平原微丘地形，该类地形沿河布线一般不受地形限制。

3. 山岭地形

山岭地形指山脊、陡坡、悬崖、峭壁、峡谷、深沟等。该类地形变化复杂，地面自然坡度大多在20°以上，路线平面、纵断面、横断面大部分受地形限制，桥、隧、涵及防护支挡构造物多，工程数量及造价明显增加。

4. 重丘地形

重丘地形指连续起伏的山丘，且有深谷和较高的分水岭，地面自然坡度一般在20°以上，路线平面、纵断面大多受地形限制。高原地带的深侵蚀沟，以及分水线绵延较长且明显的高地，地面自然坡度在20°以上，路线平面、纵断面大部分受地形限制，属山岭重丘地形。

二、道路种类

1. 道路按用途分类

道路按其用途分为公路、城市道路、林区道路、厂矿道路和乡村道路等。公路是联结城市、乡村和工矿基地等，供汽车行驶、具备一定技术条件和设施的道路。城市道路是在城市范围内，供车辆及行人通行、具有一定技术条件和设施的道路。林区道路是建在林区，供各种林业运输工具通行的道路。厂矿道路是供工厂、矿山运输车辆通行的道路，通常分为厂外道路、厂内道路和露天矿山道路。乡村道路是建在乡村农场，供行人及各种农业运输工具通行的道路。

2. 公路按功能分类

公路按功能可划分为干线公路、集散公路和地方公路三类。其中，干线公路又分为主干线公路和次干线公路，集散公路分为主集散公路和次集散公路。

（1）干线公路：应保证高效的通过性，尽量减少或消除平面交叉、出入口和支路汇入。

（2）集散公路：干线公路与地方公路的连接公路，以汇集地方交通、疏散干线交通为主。应控制平面交叉、出入口和支路汇入。

（3）地方公路：应直接与用路者的出行端点连接，以提供通达性为主，开放平面交叉、出入口和支路汇入。

3. 公路按行政管理属性分类

公路按行政管理属性划分为国道、省道、县道和乡道四类。

（1）国道（国家干线公路）：具有全国性政治、经济、国防意义的国家主要干线公路，包括重要的国际公路，国防公路，联结首都与各省、自治区首府和直辖市的公路，联结各大经济中心、交通枢纽、商品生产基地和战略要地的公路。

（2）省道（省干线公路）：具有全省（自治区、直辖市）政治、经济意义，联结省内中心城市和主要经济区的干线公路，以及不属于国道的省际重要公路。

（3）县道（县公路）：有全县（县级市）政治、经济意义，联结县城和县内主要乡（镇）、主要商品生产和集散地的公路，以及不属于国道、省道的县际公路。

（4）乡道（乡公路）：为乡（镇）的经济、文化、行政服务的公路，以及不属于县道以上公路的乡与乡之间及乡与外部联络的公路。

4. 公路按等级分类

公路根据功能和适应的交通量分为五个等级。

（1）高速公路：专供汽车分向、分车道行驶，并应全部控制出入的多车道公路，其年平均日设计交通量宜在 15000 辆小客车以上。

（2）一级公路：供汽车分向、分车道行驶，并可根据需要控制出入的多车道公路，其年平均日设计交通量宜在 15000 辆小客车以上。

（3）二级公路：供汽车行驶的双车道公路，其年平均日设计交通量宜为 5000～15000 辆小客车。

（4）三级公路：供汽车、非汽车交通混合行驶的双车道公路，其年平均日设计交通量宜为 2000～6000 辆小客车。

（5）四级公路：供汽车、非汽车交通混合行驶的双车道或单车道公路。双车道四级公路年平均日设计交通量宜在 2000 辆小客车以下，单车道四级公路年平均日设计交通量宜在 400 辆小客车以下。

5. 城市道路分类

按照道路在城市道路网中的地位、交通功能以及对沿线建筑物的服务功能，将城市道路分为以下四类：

（1）快速路：设有中间带，双向四车道以上，全部或部分采用立体交叉与控制出入，供车辆以较高速度行驶的道路。沿线两侧不能设置吸引大量车流、人流的公共建筑物的进出口，当进出口较多时宜在两侧另建辅道，在过路行人集中的地点必须设置人行天桥或人行地道。

（2）主干路：在城市道路网中起骨架作用，连接城市各主要分区的干线道路，以交通功能为主。非机动车交通量大时应设置分隔带以与机动车分离行驶，主干路两侧不宜设置吸引大量车流、人流的公共建筑物的进出口。

（3）次干路：与主干路结合组成城市道路网，起集散交通的作用，兼有服务功能。次干路两侧可设置公共建筑物的进出口，并可设置机动车和非机动车的停车场、公共交通站点和出租车服务站。

（4）支路：次干路与居民区、工业区、市中心区、市政公用设施用地、交通设施用地等内部道路的连接线，解决局部区域交通问题，以服务功能为主。支路可与平行于快速路的道路相接，但不得与快速路直接相接。支路需要与快速路交叉时应采用分离式立体交叉。

三、技术标准

1. 公路技术标准

公路技术标准是指在一定自然环境条件下，为保持车辆正常行驶性能所采用的技术指标体系，是公路设计时应遵守的法定技术要求。我国《公路工程技术标准》（JTG B01—2014）反映了我国公路建设的技术方针。各级公路主要技术指标及选用建议见表 2.1.1，表中☆表示建议选用指标。

表 2.1.1　各级公路主要技术指标及选用建议

技术指标	高速公路			一级公路			二级公路		三级公路		四级公路	
设计速度/(km/h)	120	100	80	100	80	60	80	60	40	30	30	20
车道数	≥4			≥4			2		2		2 或 1	
车道宽度/m	3.75	3.75	3.75	3.75	3.75	3.50	3.75	3.50	3.50	3.25	3.25	3.00
主要干线		☆										
次要干线					☆			☆				
主要集散					☆			☆				
次要集散								☆		☆		
地方公路										☆		☆

2. 城市道路技术标准

根据城市规模、设计交通量和地形等因素，除快速路外，各类城市道路划分为 Ⅰ、Ⅱ、Ⅲ 级。大城市应采用各类道路中的 Ⅰ 级标准，中等城市应采用 Ⅱ 级标准，小城市应采用 Ⅲ 级标准。各类各级城市道路主要技术指标见表 2.1.2。

表 2.1.2　各类各级城市道路主要技术指标

道路类别	级别	设计速度/(km/h)	双向机动车道数	机动车道宽度/m	分隔带设置	采用横断面形式
快速路	—	80,60	≥4	3.75	必须设	双、四
主干路	Ⅰ	60,50	≥4	3.75	应设	单、双、三、四
	Ⅱ	50,40	3～4	3.75	应设	单、双、三
	Ⅲ	40,30	2～4	3.75,3.5	可设	单、双、三
次干路	Ⅰ	50,40	2～4	3.75	可设	单、双、三
	Ⅱ	40,30	2～4	3.75,3.5	不设	单
	Ⅲ	30,20	2	3.5	不设	单
支路	Ⅰ	40,30	2	3.5	不设	单
	Ⅱ	30,20	2	3.5	不设	单
	Ⅲ	20	2	3.5	不设	单

任务实施 ◀ ···

1. 新建工程

选择"公路"模板，输入工程名称：专用道路。本案例工程编码采用默认值。选择存储路径，勾选"未知坐标系"，见图2.1.2。

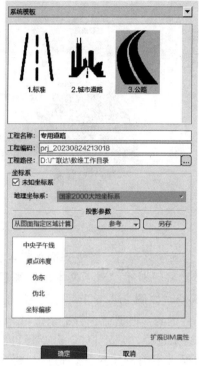

图2.1.2　新建工程

2. 导入地形图

使用"地形"菜单栏下的"地形图"工具，启动"地形图导入"命令，在"地形图导入"对话框中，"打开"要识别的地形图DWG文件（图2.1.3）。

图2.1.3　打开地形图文件

3. 识别地形数据

地形数据由高程点和等高线组成，下面将分别添加高程点和等高线。选择"新建曲面"，输入曲面名称：专用道路地形曲面（图 2.1.4）。

图 2.1.4 新建曲面

（1）添加文本属性高程点。添加高程点，首先查询高程点属性，选中高程点，特性栏显示该点属性为"Text"如图 2.1.5(a)所示。对于文本属性高程点，还需查询文本前定位点的属性，本案例为"BlockRefer"，如图 2.1.5(b)所示。再点击"高程点" 🔲，命令行提示：选择表示高程点高程的任一文字。根据命令行提示选择高程文字，命令行再次提示：指定定位方式。根据刚刚的查询结果选择"块定位"，命令行再次提示：选择用于定位的块实体。注意需选择刚刚选择的高程文字前的定位块，命令行再次提示：是否选择全部？输入A，完成文本属性高程点添加。

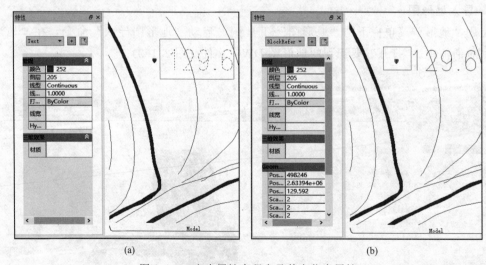

(a)   (b)

图 2.1.5 文本属性高程点及其定位点属性

（2）添加块属性高程点。首先查询高程点属性（图 2.1.6），如果发现该高程点是块属性，则需要用"块识别"命令来添加。点击"块识别"命令 🔲，命令行提示：选择任一高程点属性块。根据命令行提示选择块属性的高程点，命令行再次提示：是否选择全部？根据命令行提示输入 A，即完成块属性高程点的添加。

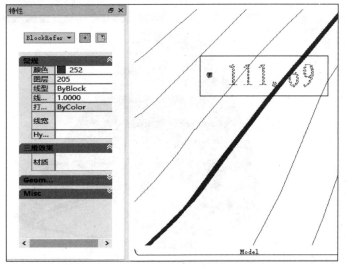

图 2.1.6　块属性高程点

（3）添加等高线。添加等高线，使用"Z 值等高线"命令 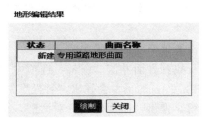 识别地形图中的任一等高线，下方命令行提示：是否选择全部？输入 A 后，会识别该图层上的全部等高线。同样可识别其他图层上的等高线。该案例等高线有两个图层，见图 2.1.7，需要全部识别、添加。

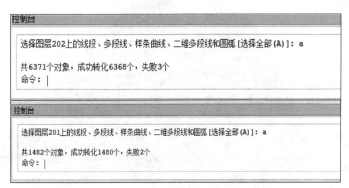

图 2.1.7　识别等高线命令提示

4. 绘制地形曲面

关闭"地形图导入"程序，弹出"地形编辑结果"对话框（图 2.1.8），选择"绘制"命令把新建的"专用道路地形曲面"绘制出来，然后关闭该对话框。

5. 查看地形曲面

使用"视图"下的二维三维切换按钮 ，切换二维、三维视图，见图 2.1.9、图 2.1.10。

6. 设置地形曲面样式

如果想让图 2.1.9 二维视图中只显示边界，不显示三角网，或者想显示等高线等，可通

图 2.1.8　"地形编辑结果"确认

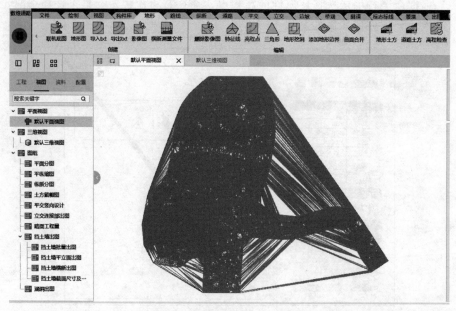

图 2.1.9　绘制出的地形（二维视图）

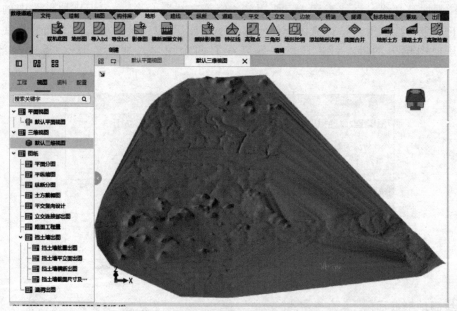

图 2.1.10　绘制出的地形（三维视图）

过设置地形曲面样式实现。

　　找到界面左侧"资料"选项中"地形图"下的"专用道路地形曲面"，右键点击"特性"
[图 2.1.11(a)]，会弹出"特性"对话框 [图 2.1.11(b)]，点击"曲面样式"后的样式设置
按钮，弹出"曲面样式"对话框，这里可以设置三角形、首曲线、计曲线等的颜色、线宽、
是否可见等，见图 2.1.12。

　　7. 检查三角网

　　查看图 2.1.9 视图发现，地形曲面中有一些无用的三角网，可通过调整三角网边长删除

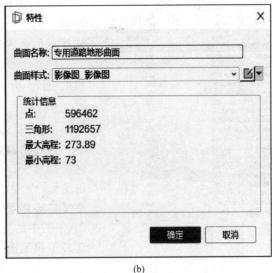

(a)　　　　　　　　　　　　　(b)

图 2.1.11　地形曲面"特性"

这些劣质三角形。

　　点击"地形"菜单下的"三角形"工具 △，选择"消除劣质三角形"，弹出"消除劣质三角形参数"对话框（图 2.1.13），本案例中设置三角形最大边长为 500m，最大坡度（高差比平距）为 2。

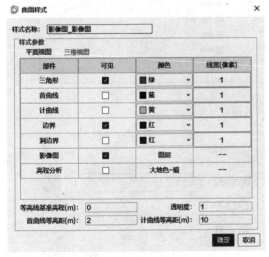

图 2.1.12　"曲面样式"对话框

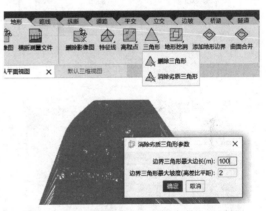

图 2.1.13　"消除劣质三角形参数"对话框

8. 检查高程

　　使用"地形"菜单下的"高程检查"工具，找到错误数据并删除，见图 2.1.14。

9. 叠加影像图

　　（1）插入 CAD 底图。叠加影像图前，需要插入 CAD 底图，以此作为参照，找到项目位置。为了减少干扰，将刚刚创建的地形图曲面样式设置为只显示边界和影像图［图 2.1.15(a)］，同时隐藏该地形曲面［图 2.1.15(b)］。

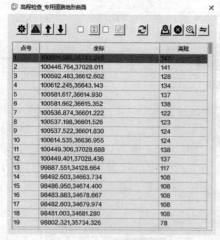

图 2.1.14　高程检查

点击"文件"菜单下的"插入DWG" ，选择插入的文件，提示设置颜色：底图或原色。这里选择原色，等待插入的DWG文件设置好颜色即可。

（2）下载影像图。使用"地形"菜单下的"联机底图"功能 ，弹出"地图下载"对话框（图2.1.16），使用"坐标偏移"命令 找到与地形图对应的影像图（图2.1.17）。

此时需确定地理坐标与工程坐标。由于联机底图范围较大，可先搜索项目大致位置，例如本案例可搜索"合山"。再找到路线上明显的点（例如立交交叉口或桥梁等）进行定位，本案例工程坐标选择CAD图中的立交交叉口交点作为定位点，地理坐标选择卫星底图上的同样位置，见图2.1.18。

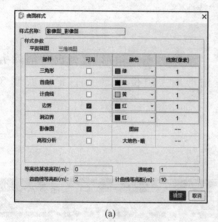

(a)

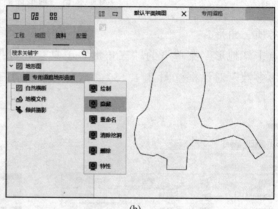

(b)

图 2.1.15　设置曲面样式并隐藏地形曲面

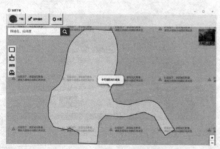

图 2.1.16　"地图下载"对话框

图 2.1.17　"坐标偏移"对话框

地理坐标与工程坐标确定后，点击"下载"按钮 ，弹出"下载内容"对话框（图2.1.19），选择要下载的内容，本案例中只需下载影像图即可；点击"指定下载区域"按钮 ，弹出"创建曲面"对话框，点击"选择范围"按钮，下载区域范围包含地形范围即可（图2.1.20）；下载完成后关闭"地图下载"对话框即可。回到三维视图中可查看下载后的影像图，底图可隐藏或删除（图2.1.21）。

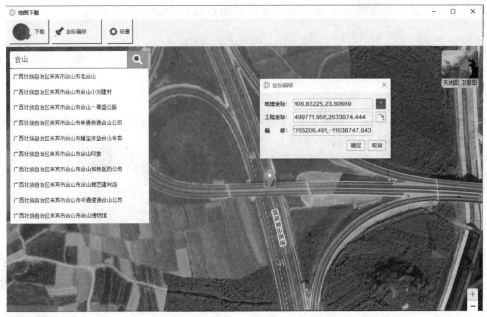

图 2.1.18 项目地理坐标及工程坐标

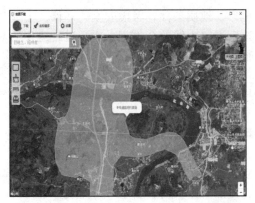

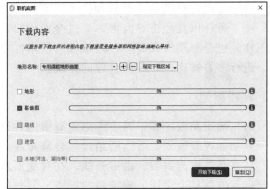

图 2.1.19 下载内容

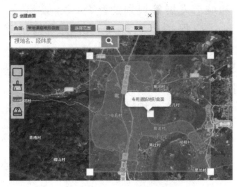

图 2.1.20 下载范围

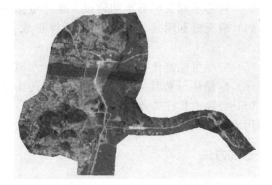

图 2.1.21 处理后的影像图

任务总结 ◀

通过完成该任务，了解了我国地形的特点，掌握了道路的种类，理解了道路线形与地形条件息息相关，选线定线时要遵循技术标准，并通过软件创建了地形曲面。

任务二　选定路线

任务引入 ◂

图2.1.22所示为经过上个任务创建的地形曲面，先在该地形上选定一条路线，路线起点坐标（499712.168，2636662.757），终点坐标（499772.761，2633015.484），请试着在起、终点间选线定线，并与工程案例最终确定的"专用道路"路线进行比较。

任务分析 ◂

想要最终确定路线方案，先要了解选线定线的原则、方法与步骤，然后通过软件完成纸上定线，并进行方案比选。

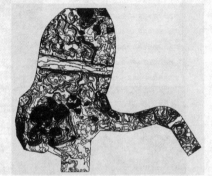

知识储备 ◂

图2.1.22　任务地形曲面

选线是确定路线基本走向和技术标准，结合地形、地质条件，考虑安全、环保、土地利用、施工条件以及经济等因素，通过全面比较，选定道路中线的全过程。它是道路建设的基础工作，也是一项涉及面广，政策性、技术性都很强的工作，选线时需要综合考虑多方面因素，进行多方案比选，定出合理的路线。

一、选线原则

（1）确定路线走廊带时应考虑走廊带内各种运输体系及不同层次路网间的分工与配合，按照其功能统筹规划，近远期结合，合理布局。

（2）必须由面到带、由带到线，在对地形地貌、地质水文、气候气象、环境敏感区等调查与勘察的基础上论证、确定路线方案。同一起、终点的路段内有多个可行路线方案时，应对各设计方案进行综合比选。

（3）应考虑同农田与水利建设、矿产资源开发和城市发展等规划的配合。

（4）应充分利用建设用地，严格保护农用耕地；应保护生态环境，并同当地景观相协调。

（5）应尽可能避让不可移动的文物、水源地和自然保护区。

（6）应保持与易燃、易爆等危险源及污染源间的安全距离。

（7）公路改扩建工程中应注重节约资源，坚持利用与改扩建相结合的原则，合理、充分地利用原有工程。

二、选线方法

1.平原区选线

平原区地形对路线的限制不大，路线的基本线形应短捷、顺直，主要克服的是平面障碍。选线要点如下：

（1）正确处理道路与农业的关系。平原区选线难以避免地要占用一些农田，这要从公路的作用、工程数量及造价、运营费用等方面全面分析比较确定，既不能片面求直而占用大量农田，也不能片面为不占农田，使路线的总体指标明显下降。

（2）合理考虑路线与城镇的关系。公路对于城镇具有双重作用：一方面它服务于城镇，成为城镇与其他地方物资交流、人员来往的桥梁；另一方面它也干扰城镇，成为交通拥堵、环境污染、城市服务功能下降的原因之一。所以要正确处理好服务与干扰、穿越与绕避、拆迁与保留的关系。一般情况下，国防公路与高等级干线公路，应尽量避免直穿城镇、工矿区和居民密集区。对于一般的沟通县、区、村，直接为农业运输服务的公路，经地方同意可穿越城镇，但要注意有足够的视距和考虑行人需要的行车道宽度及必要的交通设施，以保证行人和行车的安全。

（3）处理好路线与桥位的关系。大、中桥位往往是路线的控制点，应在服从路线总方向的原则下，综合考虑路、桥，选择有利桥位，布设路线。

2. 山岭地区选线

山岭地区自然条件复杂，地形变化很大，使得路线在平、纵、横三方面受限制，因而技术指标一般多采用低限。在山岭地区所有自然条件中，高差急变是主导因素，因此在路线布设时，一般多以纵断面线形为主安排路线，其次是横断面和平面。在选线时要注意分析平、纵、横三方面因素，结合影响路线的主要自然因素，综合考虑，求得协调合理。山岭地区按地形布线可分为沿溪（河）线、越岭线、山坡线、山脊线等。

（1）沿溪（河）线。沿溪（河）线是沿溪（河）岸布置的路线，其特点是傍山临水，路线走向明确。需要解决河岸选择、高度选择和桥位选择三个关键问题。选线时应充分调查河谷两岸条件，掌握路线所经地区的自然特征和村镇分布情况，充分利用有利一岸，必要时跨河换岸，绕避艰巨工程，或利用地形提高线形标准。按路线高度与设计洪水位的关系，有低线和高线两种，在安全的前提下做到宁低勿高。路线跨越主河时，因路线与河流接近平行，桥头布线一般比较困难，可利用"S"形河段跨河或利用河曲跨河，顺直河段跨河时可考虑设置斜桥或布置桥头引道。具体采用何种方案要根据路线等级和桥位处的地质、地形条件，经技术、经济比较后确定。

（2）越岭线。越岭线是翻越山岭布设的路线，其特点是需要克服很大高差，路线的长度和平面位置取决于路线纵坡的安排。需要解决垭口位置、过岭高程和垭口两侧路线展线三个问题。

垭口是山脊上呈马鞍状的明显下凹地形。垭口是越岭线方案的主要控制点，一般应选择基本符合路线走向、高程较低、地质条件较好、两侧山坡利于展线的垭口。

路线过岭可采用路堑或隧道通过。过岭高程越低，路线越短，路堑或隧道就越深、越长，工作量也越大。因此过岭高程应结合路线等级、垭口地形、地质以及两侧展线方案、过岭方式等因素经技术、经济比较选定。

越岭线展线布局的基本形式是利用山谷和山脊展线，主要有自然展线、回头展线和螺旋展线三种。自然展线是以适当的纵坡，顺着自然地形，绕山嘴、侧沟来延展距离、克服高差的布线方式。回头展线是路线沿山坡一侧延展，选择合适地点，利用回头曲线做反方向的回头后再回到该山坡的布线方式。螺旋展线是当路线受到限制，需要在某处集中提高或降低某一高度才能充分利用前后有利地形或位置时采用的螺旋状展线方式。一条较长的越岭线，因地形变化，经常综合运用各种展线方式，布线时利用地形特点，因地制宜选用展线方式，充分发挥其优点。

3. 丘陵地区选线

丘陵是介于平原和山岭之间的地形，它包括微丘和重丘两种。丘陵地区选线主要任务是解决平、纵、横三个方面与地形之间的矛盾，结合地形合理选用技术指标，从而使平面线形流畅，纵面起伏不大，横断面稳定且经济。根据地形特点可以选择三种布线方式：平坦地带走直线，较陡横坡地带走匀坡线，起伏地带的布线介于直线与匀坡线之间。

三、选线定线步骤

一条路线的起、终点确定以后，它们之间有很多走法。选线的任务就是在众多方案中选出一条符合设计要求、经济合理的最优方案。因为影响选线的因素很多，不可能一次就找出理想方案，最有效的做法是通过分阶段、分步骤，由粗到细，反复比选来求最佳解。选线按工作内容一般分三步进行。

1. 选择路线方案

路线方案用于解决起、终点间路线基本走向问题。此项工作通常采用纸上定线和现场定线相结合的方式。先在地形图上找出各种可能的方案，收集各可能方案的有关资料，进行初步评选，确定数条有进一步比较价值的方案，然后进行现场勘察，通过多方案比选得出一个最佳方案。

2. 选择路线带

在路线基本走向选定的基础上，按地形、地质、水文等自然条件选出一些细部控制点，连接这些控制点，即构成路线带，也称路线布局。这些细部控制点的取舍，仍通过比选的办法确定。

路线走向及主要控制点的选定应符合下列规定：

（1）路线起、终点，及必须连接的城镇、重要园区、工矿企业、综合交通枢纽、特定的特大桥或特长隧道等的位置，应为路线基本走向的控制点。

（2）特大桥、大桥、特长隧道、长隧道、互通式立体交叉、铁路交叉等的位置，应为路线走向控制点，原则上应服从路线基本走向。

（3）中、小桥涵，中、短隧道，以及一般构造物的位置应服从路线走向。

3. 选定路线

定线是指根据技术标准和路线方案，结合有关条件，在有利的路线带内进行平、纵、横综合设计，具体定出道路中线。

公路选线时，应在广泛搜集与路线方案有关的规划、计划、统计资料，以及相关部门的各种地形图、地质和气象等资料的基础上，深入调查、勘察，并运用遥感、航测、卫星定位、数字技术等技术，确保其勘察工作的广度、深度和质量，不应遗漏有价值的路线方案。

任务实施 ◂

一、详图线法

一条路线的起、终点确定以后，它们之间有很多走法，"绘制"菜单下的"详图线"工具条 包含的各个命令可实现在二维图上绘制导线功能，完成纸上定线。

点击"绘制"菜单下的"详图线"命令 ，命令行提示：输入直线起点。这里可直接输入路线起点坐标（499712.168，2636662.757），或在图上拾取点。输入起点后，命令行会再次提示：输入直线终点。这里可输入或在图上拾取路线过程控制点。依次连续绘制，直至路线终点（499772.761，2633015.484）。同样，可绘制多条线进行方案比选。

二、模型线法

"绘制"菜单下的"模型线"工具条 包含的各个命令可实现在二维、三维图上绘制导线功能，完成纸上定线。

点击"绘制"菜单下的"模型线"命令，命令行提示：输入直线起点。这里可直接输入路线起点坐标（499712.168，2636662.757），或在图上拾取点。输入起点后，命令行会再次提示：指定终点。这里可输入或在图上拾取路线过程控制点。依次连续绘制，直至路线终点（499772.761，2633015.484）。同样，可绘制多条线进行方案比选。

三、平面自动布线法

"平面自动布线"也可实现初步纸上定线功能。使用"路线"菜单下的"平面自动布线"工具，弹出"新建路线"对话框，根据实际情况填写路线名称、桩号代号、起始交点编号等信息（图 2.1.23），设置断链以及区域信息等。

点击"确定"后，命令行提示：点取起点或输入测量坐标。这里可以输入路线起点坐标或点取路线起点。确定起点后命令行会继续提示：点取下一交点或输入测量坐标。根据命令行提示依次连续布置多根导线。导线之间可自动生成三单元平曲线，过程中会提示：点取或输入切线长或［线形设计设置(S)/输入圆半径(R)］。同时左上角弹出浮动窗口，实时显示曲线参数，可拖动鼠标进行切线长控制或输入切线长等参数，浮动窗口内实时显示规范检查结果，见图 2.1.24。

图 2.1.23 "新建路线"对话框

详细的操作步骤将在模块二项目二的任务一中介绍。

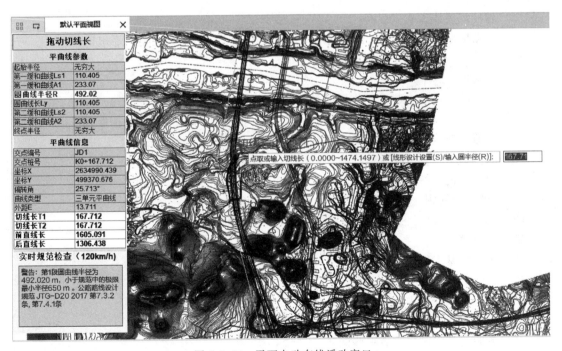

图 2.1.24 平面自动布线浮动窗口

任务总结 ◂

路线方案直接影响工程质量、投资及运营效益，影响道路、桥涵、隧道等工程的功能发挥和安全使用。但道路选线又是一个影响因素众多的工作，涉及政治、经济、国防、技术、环保等因素，选定一条合理的路线，技术上是复杂、困难的。未来，将依赖于新技术的发展，实现选线自动化。

拓展思考 ◂

人们常说要想富先修路，"路"已然是经济发展的动脉，穿山越岭、逢山开路、遇水架桥对促进区域经济发展，提高农民生活水平，改善农村消费有着十分重要的战略意义。请谈谈对"因地制宜、合理开发与致富路修到家门口"的理解，并思考：如何平衡合理开发与致富修路的关系？

模块练习 ◂

一、填空题

（1）选线是一项涉及面广、影响因素多，_____、_____都很强的工作。

（2）根据方案比较深度上的不同，路线方案比较可分为_____、_____两种。

（3）平原区地形特征是：地面起伏不大，一般自然坡度都在_____以下。

（4）沿溪线布线时需要解决_____、_____、_____三个问题。

（5）越岭线布线应解决的主要问题是：选择_____，确定_____，拟定垭口两侧_____。

（6）越岭线展线方式主要有_____、_____、_____三种。

（7）根据地形情况的不同，丘陵地区路线布设的方式一般分为三类：平坦地带_____，较陡横坡地带_____，起伏地带_____。

二、单选题

（1）在越岭线选线中起主导作用的是（　　）。

A. 平面　　　　　B. 纵断面　　　　　C. 地质条件　　　　　D. 横断面

（2）平原区布线应合理考虑路线与城镇的关系，高等级干线公路一般（　　）。

A. 穿过城镇　　　　B. 远离城镇　　　　C. 避免直穿城镇

（3）越岭线需要解决的关键问题是（　　）。

A. 高度选择问题　　　　　　　　　B. 平面障碍问题

C. 河岸选择问题　　　　　　　　　D. 高差问题

三、思考题

（1）选线的基本原则有哪些？

（2）选线的步骤有哪些？

（3）平原区选线的主要控制因素是什么？

（4）沿溪线布设时应注意哪些问题？

（5）越岭线布设时应注意哪些问题？

四、建模题

图 2.1.25 为"练习道路"地形图，请创建该练习道路地形曲面。

图 2.1.25　"练习道路"地形图

项目二　创建平面

【学习目标】

知识目标

（1）掌握道路平面线形要素；

（2）掌握平面设计中直线、圆曲线、缓和曲线的特点及规范要求；

（3）掌握平面线形要素组合形式。

能力目标

（1）能够根据规范要求选择直线、圆曲线、缓和曲线参数；

（2）能够判断平面设计中直线、圆曲线、缓和曲线的设置是否符合规范要求；

（3）能够创建道路平面模型。

素养目标

（1）培养建模思维；

（2）培养遵守规范、安全至上的意识；

（3）提高数学运算能力。

任务一　导线法创建平面

任务引入 ◀

请在模块二项目一创建的地形曲面上构建"专用道路"路线平面图（图 2.2.1）。

该"专用道路"曲线要素见表 2.2.1。

表 2.2.1　"专用道路"曲线要素

交点号	X（N）	Y（E）	曲线要素值			
			圆曲线半径/m	缓和曲线1长度/m	曲线长度/m	缓和曲线2长度/m
QD	499712.168	2636662.757	—	—	—	—

续表

交点号	X(N)	Y(E)	曲线要素值			
			圆曲线半径/m	缓和曲线1长度/m	曲线长度/m	缓和曲线2长度/m
JD1	499432.507	2634699.025	1800	220	1201.782	220
JD2	499904.579	2633594.721	1500	200	1141.601	200
ZD	499772.761	2633015.484	—	—	—	—

图2.2.1 "专用道路"任务示意图

任务分析 ◄

想要构建路线平面图,先要了解道路平面线形要素及相应的规范要求,再通过软件构建道路平面。

知识储备 ◄

道路是一条三维空间中的带状实体,该实体表面的中心线为一空间线形,称为路线。对路线进行三视图投影,路线在水平面上的投影称作路线的平面,沿中线竖直剖切并展开的则是路线的纵断面,中线上任一点法向切面是道路在该点的横断面。路线的平面、纵断面和各个横断面是道路的几何组成。

公路的平面线形不可能是一条直线,而是由许多直线段和曲线段组合而成。实践证明,在直线和圆曲线之间设置缓和曲线(我国规范推荐采用回旋线)会使平面线形在视觉上更加平顺,能更好地引导驾驶员的视线。因此,直线、圆曲线和缓和曲线被称为平面线形三要素,见图2.2.2。

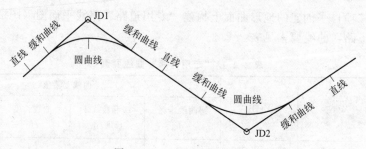

图2.2.2 平面线形三要素

一、平面中直线的运用

两点间直线最短，直线测设、施工简单，视线良好，驾驶操作简易，运行距离短，降低了汽车运营成本，在道路设计时直线被优先考虑。但是，过长的直线并不好，在地形起伏较大的地区，直线难与地形相适应，一味用直线容易产生高填深挖路基，破坏自然景观。过长的直线会使驾驶员感到单调、疲倦和急躁，易超速行驶，对安全行车不利。所以，在定线中对于直线的运用、直线长度的确定，应慎重考虑，注意线形与地形的关系，不宜采用过长或过短的直线。

1. 直线的最大长度

合理的直线长度应根据驾驶员的心理反应和视觉效果确定，但目前这一问题尚在研究中。各国普遍从经验出发，根据调查结果规定直线的最大长度。如日本和德国一般规定直线的最大长度（以 m 计）在数值上不超过 $20V$（V 为设计速度，以 km/h 计），例如限速 120km/h 的直线路段长度不超过 2400m；俄罗斯规定为 8km；美国则规定为 3mile（约为 4.83km）。

我国地域辽阔，地形差异较大，对直线长度很难作出统一规定，且在混合交通的道路上，超车、会车、错车以及避让非机动车和行人的机会甚多，驾驶员的感觉与国外不尽相同。因此，我国未对直线的最大长度作出规定，只是规定直线长度不宜过长，当受地形条件或其他特殊情况限制而采用长直线时，应结合沿线具体情况采取相应的技术措施。

2. 直线的最小长度

（1）同向曲线间直线的最小长度。同向曲线是指两个转向相同的圆曲线中间用直线或缓和曲线或径相连接而成的平面线形（图 2.2.3）。若用直线连接，直线长度较短时，在视觉上容易形成直线与两端曲线构成反弯的错觉，当直线过短时，甚至会把两条曲线看成是一条曲线，破坏了线形的连续性，形成所谓的"断背曲线"，易造成驾驶员操作失误，应尽量避免。《公路路线设计规范》（JTG D20—2017）（以下简称《规范》）规定：当设计速度≥60km/h 时，同向圆曲线间的直线最小长度（以 m 计）以不小于设计速度（以 km/h 计）的 6 倍为宜。

对低速道路（设计车速小于或等于 40km/h）可参考执行。在受条件限制时，宜将同向曲线改为大半径曲线或将两曲线做成复曲线、卵形曲线或 C 形曲线。

图 2.2.3　同向曲线间的直线

（2）反向曲线间直线的最小长度。反向曲线是指两个转向相反的圆曲线之间以直线或缓和曲线或径相连接而成的平面线形（图 2.2.4）。因两弯道转弯方向相反，考虑超高和加宽过渡的需要，以及驾驶员操作方便，其间直线的最小长度应予限制。《规范》规定：当设计速度≥60km/h 时，反向圆曲线间直线最小长度（以 m 计）以不小于设计速度（以 km/h 计）的 2 倍为宜。当曲线两端设有缓和曲线时，也可以直接相连，构成 S 形曲线。

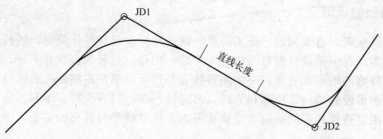

图 2.2.4 反向曲线间的直线

二、平面中圆曲线的运用

1. 圆曲线特点

圆曲线具有测设和计算简单，能更好地适应地形变化等优点，尤其是由不同半径的多个圆曲线组合而成的复曲线，对地形、地物和环境有更强的适应能力。但汽车在圆曲线上行驶要受到离心力的作用，对行车的安全性和舒适性等产生不利影响，圆曲线半径越小，行驶速度越高，行车越危险；汽车在圆曲线上转弯时各轮轨迹半径不同，比在直线上行驶多占用路面宽度；汽车在小半径的圆曲线内侧行驶时，视距条件较差，视线会受到路堑边坡或其他障碍物的阻挡，易发生行车事故。因此，进行道路平面设计时，应根据地形、地物等条件合理选择圆曲线半径。

2. 圆曲线半径

汽车在圆曲线上行驶会产生离心力，该离心力对汽车在圆曲线上行驶的稳定性影响很

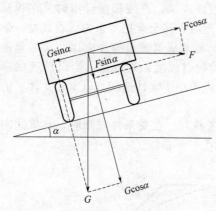

图 2.2.5 横向超高示意图

大，它可能使汽车向外侧滑移或倾覆。为抵消或减小离心力的作用，保证汽车在圆曲线上稳定行驶，必须将圆曲线上路面做成外侧高、内侧低，呈单向横坡的形式，称为横向超高（图 2.2.5）。

汽车行驶在具有超高的圆曲线上时，将离心力 F 与汽车重力 G 分解为垂直于路面的竖向力和平行于路面的横向力。其中竖向力是稳定因素，横向力可能导致车辆绕外侧车轮触地点产生横向倾覆或沿横向力方向产生横向滑移，是汽车行驶中的不稳定因素。因此，采用单位车载的横向力（即横向力系数 μ）来衡量车辆行驶的稳定性。

因此，汽车行驶在具有超高的圆曲线上的平衡情况，与横向力系数 μ、车速 V、圆曲线半径 R 及超高值 i_h 都有一定关系，圆曲线半径的计算公式为

$$R = \frac{V^2}{127(\mu \pm i_h)} \tag{2.2.1}$$

式中　V——各级公路的设计车速，km/h；

　　　μ——横向力系数，μ 值的采用值关系到行车的安全、经济与舒适，一般 $\mu = 0.10 \sim$
　　　　　0.16，车速高时取低值，车速低时取高值；

　　　i_h——超高值，以小数计。

从上式可知，在指定车速 V 下，圆曲线半径越大，横向力系数就越小，汽车行驶就越稳定。但有时因地质、地物等因素的限制，圆曲线半径不可能设置得很大，往往会采用小半

径的圆曲线，如果半径选用得太小，又会使汽车行驶不安全，甚至翻车。所以必须综合考虑汽车行驶的安全性、舒适性和经济性，并兼顾美观，使确定的最小半径能满足某种程度的行车要求。这种最起码的值，就是圆曲线的最小半径限制值。

3. 圆曲线最小半径

根据各级公路的不同要求，《规范》规定的圆曲线最小半径有以下三类：极限最小半径、一般最小半径和不设超高的最小半径（表 2.2.2）。其中，极限最小半径主要满足行车安全要求，适当考虑舒适性；一般最小半径能使汽车行驶具有较好的安全性和舒适性；不设超高的最小半径使得即使不设超高也能保证汽车行驶的安全性和舒适性。

表 2.2.2　各级公路的圆曲线最小半径

设计速度/(km/h)		120	100	80	60	40	30	20
一般最小半径/m		1000	700	400	200	100	65	30
极限最小半径/m	$i_{max}=4\%$	810	500	300	150	65	40	20
	$i_{max}=6\%$	710	440	270	135	60	35	15
	$i_{max}=8\%$	650	400	250	125	60	30	15
	$i_{max}=10\%$	570	360	220	115	—	—	—
不设超高的最小半径/m	路拱≤2%	5500	4000	2500	1500	600	350	150
	路拱>2%	7500	5250	3350	1900	800	450	200

注：i_{max} 为最大超高值。

《规范》规定了各级公路的三种圆曲线最小半径。具体应用时，需考虑以下几方面的要求：

（1）路线转角不论大小均应设置圆曲线，半径大小应与设计速度相适应。

（2）圆曲线尽可能选用较大半径，但也不应盲目采用大半径而过分增加工程量，最大值不宜超过 10000m。

（3）受地形条件限制时，圆曲线可采用一般最小半径；地形条件特殊、困难，不得已时方可采用极限最小半径。

（4）桥位处两端设置圆曲线时，半径一般大于一般最小半径。

（5）隧道内必须设置圆曲线时，半径应大于不设超高的最小半径。

（6）长直线或陡坡尽头，不得采用小半径圆曲线。

城市道路圆曲线的最小半径应满足表 2.2.3 的要求。

表 2.2.3　城市道路的圆曲线最小半径

设计速度/(km/h)	80	60	50	40	30	20
设超高的最小半径/m	250	150	100	70	40	20
设超高的推荐最小半径/m	400	300	200	150	85	40
不设超高的最小半径/m	1000	600	400	300	150	70
不设缓和曲线的最小圆曲线半径/m	2000	1000	700	500	—	—

三、平面中缓和曲线的运用

缓和曲线是设置在直线与圆曲线之间或大圆曲线与小圆曲线之间的一种曲率连续变化的曲线。《规范》规定，除四级公路可不设缓和曲线外，其他各级公路，当平曲线半径小于不设超高的最小半径时，应设缓和曲线，缓和曲线应采用回旋线。

1. 缓和曲线的作用

（1）便于驾驶车辆。汽车从直线进入圆曲线，或从大半径圆曲线驶入小半径圆曲线时，插入缓和曲线，可使汽车前轮转向角从 0°开始逐渐增加，从而有利于驾驶员操纵方向盘，保证安全行驶。

（2）离心力逐渐变化，乘客感觉舒适。离心力的大小与汽车行驶的曲率半径大小成反比：在直线段中，离心力为零；在圆曲线上，离心力最大。当插入缓和曲线时，因为缓和曲线的曲率是逐渐变化的，可以消除离心力的突变，从而保证乘客乘车舒适与稳定。

（3）超高及加宽缓和过渡，利于平稳行车。道路横断面从直线上的双面坡过渡到圆曲线上的单面坡，从直线段上的正常宽度过渡到圆曲线上的加宽宽度时，必须有一个缓和段，避免车辆过渡时左右摇摆。

（4）与圆曲线配合，增加线形美观性。圆曲线与直线径相连接，在连接处曲率突变，在视觉上有不平顺的感觉，设置缓和曲线后，线形连续、圆滑，增加线形的美观性，同时有良好的视觉效果和心理效果。

2. 缓和曲线最小长度

车辆在缓和曲线上行驶时，要有足够的长度，以保证驾驶员能有足够的时间从容转向、旅客感觉舒适、超高过渡顺畅、平面线形美观流畅。因此，我国《规范》规定：回旋线长度应随圆曲线半径的增大而增长；圆曲线按规定需设置超高时，回旋线长度应不小于超高过渡段长度。各级公路缓和曲线的最小长度应符合表 2.2.4 的规定，城市道路缓和曲线的最小长度应符合表 2.2.5 的规定。

表 2.2.4　各级公路缓和曲线最小长度

设计速度/(km/h)	120	100	80	60	40	30	20
缓和曲线最小长度/m	100	85	70	50	35	25	20

表 2.2.5　城市道路缓和曲线最小长度

设计速度/(km/h)	80	60	50	40	30	20
缓和曲线最小长度/m	70	50	45	45	25	20

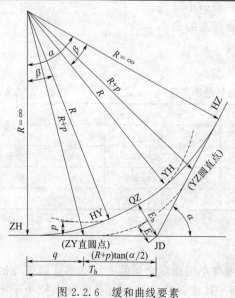

图 2.2.6　缓和曲线要素

3. 缓和曲线要素计算

《规范》规定，当平曲线半径小于不设超高的最小半径时，必须设置缓和曲线，设置缓和曲线的长度应视平曲线半径及线形需要按表 2.2.2 取值。设置缓和曲线后，有 5 个基本桩，分别为：

ZH：第一段缓和曲线的起点（直缓点）；

HY：第一段缓和曲线的终点（缓圆点）；

QZ：平曲线的中点（曲中点）；

YH：第二段缓和曲线的终点（圆缓点）；

HZ：第二段缓和曲线的起点（缓直点）。

缓和曲线要素见图 2.2.6，其计算方法如下。

（1）内移值 p：为了能在直线与圆曲线之间插入缓和曲线，必须将原有圆曲线向内移动一定距离 p，其值称为内移值。

$$p = \frac{l_h^2}{24R} \tag{2.2.2}$$

式中 R——圆曲线半径，m；

l_h——缓和曲线长度，m。

（2）切线增长值 q：插入缓和曲线后切线长度增加的值。

$$q = \frac{l_h}{2} - \frac{l_h^3}{240R^2} \tag{2.2.3}$$

（3）缓和曲线角 β：缓和曲线段对应的转角。

$$\beta = \frac{l_h}{2R} \times \frac{180°}{\pi} \tag{2.2.4}$$

（4）切线长 T_h：设有缓和曲线的平曲线的切线长。

$$T_h = T + q = (R+p)\tan\frac{\alpha}{2} + q \tag{2.2.5}$$

式中 T——原有圆曲线对应的切线长，m；

α——转角，（°）。

（5）外距 E_h：设有缓和曲线的平曲线的外距，代表曲线中点到交点的距离。

$$E_h = E + p = (R+p)\sec\frac{\alpha}{2} - R \tag{2.2.6}$$

式中 E——原有圆曲线对应的外距长，m。

（6）曲线长 L_h：设有缓和曲线的平曲线的曲线长度，即 ZH 到 HZ 的弧长。

$$L_h = \frac{\pi}{180°} \times R(\alpha - 2\beta) + 2l_h = \frac{\pi}{180°} \times \alpha R + l_h \tag{2.2.7}$$

（7）主圆曲线长 L_y：设有缓和曲线的平曲线的圆曲线的长度，即 HY 到 YH 的弧长。

$$L_y = L_h - 2l_h \tag{2.2.8}$$

（8）切曲差 D_h：设有缓和曲线的平曲线的切线与曲线的差值，即 2 倍切线长与曲线长的差值。

$$D_h = 2T_h - L_h \tag{2.2.9}$$

四、平面线形要素组合

由平面线形三要素——直线、圆曲线、缓和曲线组合可得到多种平面线形的组合形式。主要有：基本型、S 形、卵形、凸形、复合型、C 形和回头曲线等。

1. 基本型曲线

基本型曲线是按直线—回旋线（A_1）—圆曲线—回旋线（A_2）—直线顺序组合而成的线形（图 2.2.7）。当两回旋线参数 $A_1 = A_2$ 时，称为对称基本型；当 $A_1 \neq A_2$ 时，称为非对称基本型；当 $A_1 = A_2 = 0$ 时，说明不设缓和曲线，称为简单型。

2. S 形曲线

S 形曲线是由两个反向圆曲线用两段反向回旋线连接组合而成的线形（图 2.2.8）。S 形曲线的两相邻回旋线参数 A_1 和 A_2 宜相等；当采用不等参数时，比值宜小于 1.5，且应小于 2.0。

3. 卵形曲线

卵形曲线是由一个回旋线连接两个同向圆曲线组合而成的线形（图 2.2.9）。卵形曲线的回旋线参数 A 宜取 $R_2/2 \leqslant A \leqslant R_2$，$R_2$ 为小圆半径；两圆曲线半径之比 R_2/R_1 宜控制在 0.2~0.8 之间；两圆曲线间的最小间距宜控制在 $0.003R_2 \sim 0.03R_2$ 之间。

4. 凸形曲线

凸形曲线是在两个同向回旋线间不插入圆曲线而径相连接形成的线形（图2.2.10）。其回旋线参数及连接点的曲率半径应符合最小回旋线参数和圆曲线最小半径的规定。因中间没有圆曲线，对驾驶操作不利，只有在严格受到地形的限制时方可采用凸形曲线。

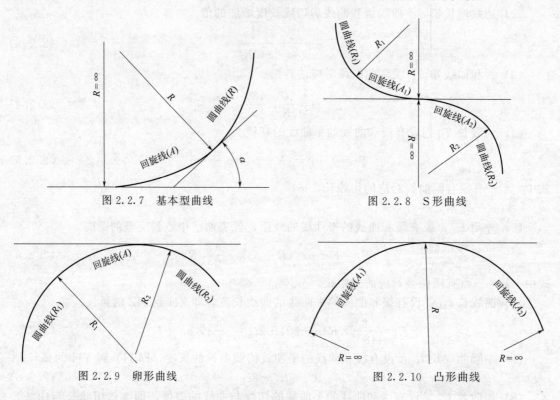

图2.2.7 基本型曲线

图2.2.8 S形曲线

图2.2.9 卵形曲线

图2.2.10 凸形曲线

5. 复合型曲线

复合型曲线是由两个及以上的同向回旋线在曲率相等处相互连接组合而成的线形（图2.2.11）。其两个回旋线参数之比宜<1.5。

6. C形曲线

C形曲线是两同向回旋线在曲率为零处径相连接而成的线形（图2.2.12）。C形曲线连接处的曲率为零，也就是半径等于无穷大，相当于两同向回旋线间的直线长度为零，不利于行车，只有在地形特殊、条件困难时方可采用。

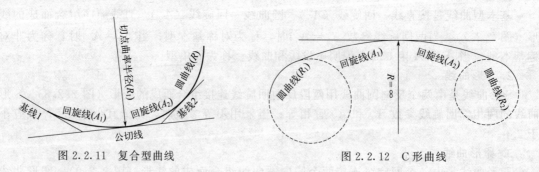

图2.2.11 复合型曲线

图2.2.12 C形曲线

7. 回头曲线

回头曲线是当山区道路路线起、终点位于同一很陡的坡面上时，为克服高差需要顺坡展线，路线将一次或多次折回到原来的方向，形成的路线线形（图 2.2.13）。一般来说转角大于 150°的可视为回头曲线。

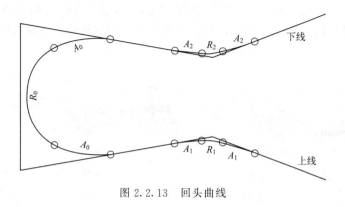

图 2.2.13 回头曲线

任务实施 ◆

1. 设置项目基点坐标

由于项目坐标数值比较大，设置项目基点坐标便于输入数值。点击"项目"菜单→"工程设置"工具→"基点坐标"选项，本案例设置为（400000，2600000），可根据实际情况调整，见图 2.2.14。

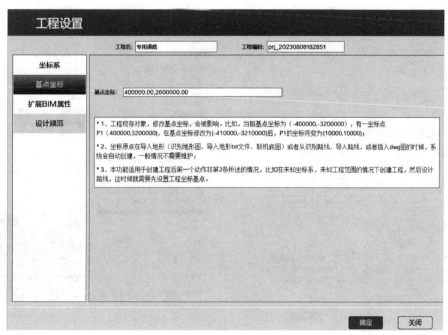

图 2.2.14 设置项目基点坐标

2. 设置线形设计

点击"路线"菜单下的"线形设计设置"工具 ，弹出"线形设计设置"对话框，这里可以设定是否标注桩号、是否设置缓和曲线、是否进行规范检查等。为了看清楚线形，这里先不标注桩号，见图 2.2.15。

3. 平面自动布线

（1）新建路线并设置样式。点击"路线"菜单下的"平面自动布线"工具 ，弹出"新建路线"对话框，按实际情况填写信息（图2.2.16），同时可设定路线样式（图2.2.17）和桩号标注样式（图2.2.18），这里样式采用默认值。并根据实际情况设置断链和区域信息。

图 2.2.15 "线形设计设置"对话框

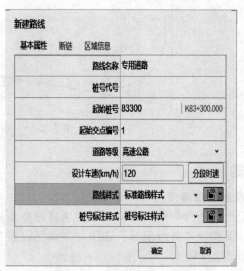

图 2.2.16 "新建路线"对话框

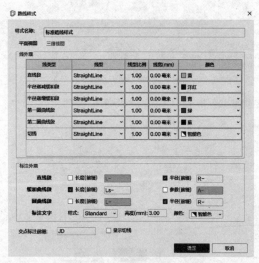

图 2.2.17 "路线样式"对话框

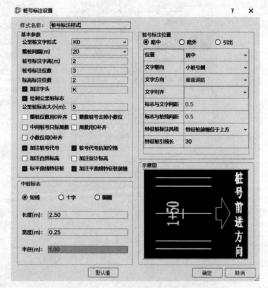

图 2.2.18 "桩号标注设置"对话框

（2）绘制导线。"新建路线"对话框设置完成后确定，命令行提示：点取起点或输入测量坐标。输入起点 QD 坐标（99712.168，36662.757），X、Y 坐标切换用 Tab 键。命令行接着提示：点取下一交点或输入测量坐标。输入 JD1 坐标（99432.507，34699.025）。命令行接着提示：点取下一交点或输入测量坐标。输入 JD2 坐标（99904.579，33594.721），这时有转角出现，界面会弹出浮窗，提示：点取或输入圆半径［线形设计设置（S）/输入切线长(T)]。为了后面逐段设计曲线，这里输入 R，随后输入 0。命令行继续提示：点取下一交点或输入测量坐标。输入终点 ZD 坐标（99772.761，33015.484），弹出浮窗，输入 R，随后输入 0，见图 2.2.19。按 Esc 键结束绘制命令。

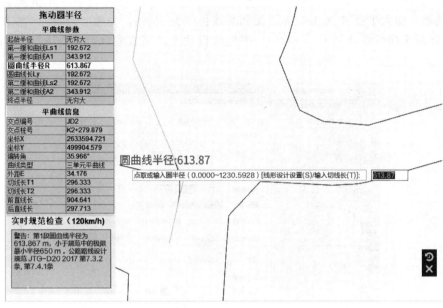

图 2.2.19　绘制导线

（3）逐段设计平曲线。点击"路线"菜单下的"导线法设计"工具 ，选择"三单元"命令 ，命令行提示：选择前导线或已有三单元曲线的曲线单元。这里拾取前导线。命令行继续提示：选择后导线。拾取后导线后，弹出三单元平曲线设计对话框，同时左

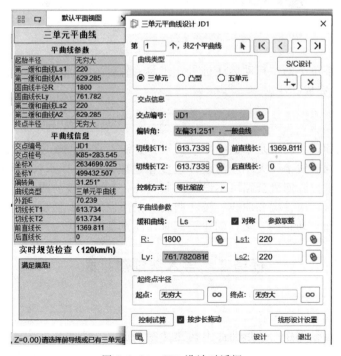

图 2.2.20　JD1 设计对话框

侧显示浮窗提示是否符合规范要求。在"三单元平曲线设计 JD1"对话框中输入半径 R 为 1800m，缓和曲线长度为 220m，勾选"对称"，系统会自动计算其他参数，点击"设计"即完成 JD1 处平曲线的设计（图 2.2.20）。

点击对话框右上方切换按钮 ，切换到"三单元平曲线设计 JD2"对话框，输入半径 R 为 1500m，缓和曲线长度为 200m，勾选"对称"，点击"设计"即完成 JD2 处平曲线设计（图 2.2.21）。平曲线设计全部完成后点击"退出"，退出对话框即可。

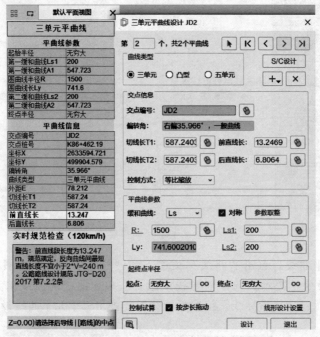

图 2.2.21　JD2 设计对话框

4. 标注桩号

点击"路线"菜单下的"自动标注桩号"工具 ，命令行提示：请选择路线。选择"专用道路"路线，完成标注。

任务总结 ◄

直线、圆曲线和缓和曲线是平面线形三要素。直线不宜过长或过短。路线转角不论大小均应设置圆曲线，圆曲线半径大小应与设计速度相适应，最大半径不宜超过 10000m，最小半径应符合规范要求。除四级公路可不设缓和曲线外，其他各级公路，当平曲线半径小于不设超高的最小半径时，应设缓和曲线。缓和曲线应采用回旋线，回旋线的最小长度应符合规范要求。利用"平面自动布线"工具创建平面时，注意基点坐标。

任务二　导入法创建平面

任务引入 ◄

请用导入法在已经创建的地形曲面上构建"专用道路"路线平面图，见图 2.2.22。

图 2.2.22　"专用道路"任务示意图

任务分析 ◀

在任务一中已经学习了关于道路平面线形的相关理论知识，接下来需要掌握采用导入法创建平面的操作技巧，然后创建路线平面。

知识储备 ◀

采用导入法构建路线平面图，是一种非常快捷的创建路线平面的方法，主要有识别路线、表格识别路线、导入路线几种方法（图 2.2.23）。

图 2.2.23　导入法相关界面

"识别路线"用于识别已经存在几何线形的路线，使用此功能可以识别 DWG 格式的路线图形或识别鸿业市政道路、路易中的路线图形实体，适用于有 DWG 格式的路线底图的情况。

"表格识别路线"功能可将 Excel 数据导入到软件中并生成路线，适用于有完整的曲线要素数据的情况。

"导入路线"是将外部平面线形数据文件导入到本项目中，支持的数据文件包括以下几种格式：鸿业路易设计系统路线文件（.almt）；鸿业交点文件（.HJD）；积木法设计文件（.ICD）；DICAD/EICAD 的交点文件（.JD）；纬地平面线形文件（.pm）；纬地平面交点文件（.jd）；LandXML 文件（.xml）；ifc 文件（.ifc）。

任务实施 ◀

一、识别路线

点击"文件"菜单下的"插入 DWG"工具，插入"专用道路"DWG 图。为了便于识别路线，可以将 DWG 图提前处理一下，只留路线图层，其他图层关闭。插入 DWG 后的界面见图 2.2.24。

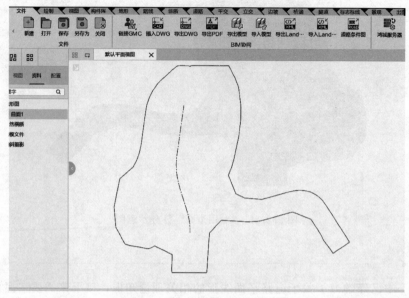

图 2.2.24　插入路线 DWG 图

点击"路线"菜单下的"识别路线"工具 ，命令行提示：选择要识别的曲线。拾取路线，弹出提示框［图 2.2.25(a)］，问是否转换搜索到的曲线（图中绿色的曲线），可在图中查看绿色的曲线是否正确，如果正确，选择是。接着弹出提示框［图 2.2.25(b)］，问桩号是否沿图中箭头方向增加，根据实际情况选择增加、减少或取消。

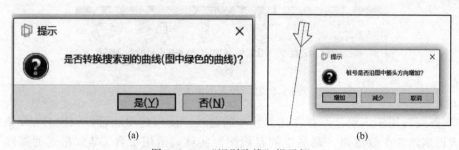

(a)　　　　　　　　　　　　　　　　(b)

图 2.2.25　"识别路线"提示框

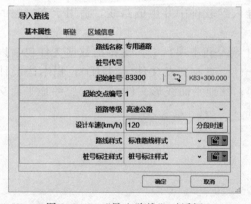

图 2.2.26　"导入路线"对话框

随后弹出"导入路线"对话框，根据工程实际情况填写对话框内的信息（图 2.2.26）。

随后弹出提示框［图 2.2.27(a)、图 2.2.27(b)］，根据实际情况选择即可。其后生成平面曲线，如图 2.2.28 所示。最后使用"路线"菜单下的"自动标注桩号"工具标注路线桩号。

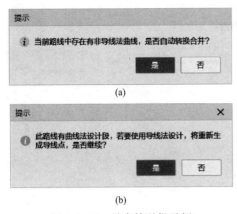

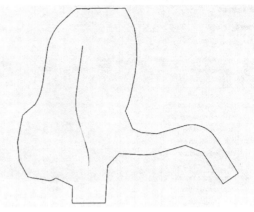

图 2.2.27　异常情况提示框　　　　　图 2.2.28　识别后的路线平面

二、表格识别路线

点击"路线"菜单下的"表格识别路线"工具 ，弹出"表格识别路线"对话框（图 2.2.29），点击"＋"号创建一个路线的名称：专用道路。创建路线名称后点击"EXCEL 文件导入"，弹出"Excel 文件导入"对话框（图 2.2.30），点击"数据来源"的"选择文件"，选择 Excel 文件即可。确定后弹出对话框如图 2.2.31 所示。

图 2.2.29　"表格识别路线"对话框（一）

需要注意的是 Excel 数据类型分为两种：直线、曲线及转角表和路线单元要素表。两种数据类型的 Excel 文件模板可以通过"另存模板"按钮进行下载。"专用道路"曲线要素值见表 2.2.1。

点击"绘制路线"，弹出"编辑路线"对话框（图 2.2.32），各项信息设定好后点击"确定"，弹出提示框提示：路线绘制成功。

三、导出/导入路线

1. 导出路线

点击"路线"菜单下的"导出路线"工具 ，命令行提示：请选择路线对象。拾取路线后会弹出"导出路线"对话框，支持"＊.almt"

图 2.2.30　"Excel 文件导入"对话框

和"＊.xml"两种导出类型，选择保存类型和保存路径后存储即可，见图 2.2.33。

2. 导入路线

点击"路线"菜单下的"导入路线"工具 ，弹出"导入路线"对话框（图 2.2.34），填写相关信息，确定后可导入已经建好的路线，随后可通过"修改路线"等工具对路线进行修改。

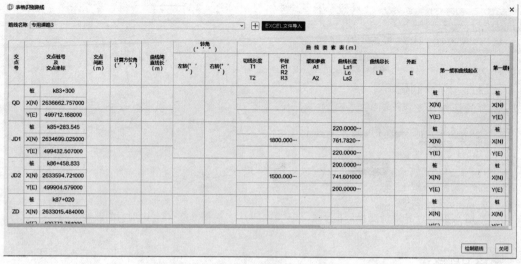

图 2.2.31 "表格识别路线"对话框（二）

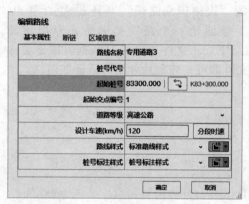

图 2.2.32 "编辑路线"对话框

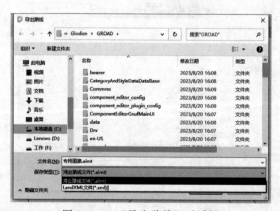

图 2.2.33 "导出路线"对话框

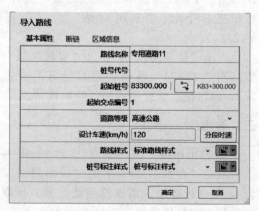

图 2.2.34 "导入路线"对话框

任务总结

导入法是一种可非常快捷地创建路线平面的方法，主要有识别路线、表格识别路线、导入路线等方法，可根据已掌握资料的实际情况选择合适的方法创建路线平面。

拓展思考 ◢

利用离心力原理，在手不碰球的前提下，只需要一个高脚杯就可以把塑料小球转移到另一个杯子里。

我国古人综合利用流体知识和惯性、杠杆等原理制作了风扇车。风扇车采用轴向进风，在离心力的作用下，空气主要沿径向流动，达到分离谷物和杂质的目的。中国古代风扇车从一定意义上说是所有离心式压缩机的祖先，对西方近现代鼓风机械的发明产生了一定的影响。

"弯道超车"是赛车运动中的一个常见术语，一般只在竞技超车中出现，但在日常生活中，我们驾驶车辆要避免"弯道超车"，以防车辆向车道外侧偏斜，发生倾翻和侧滑事故。作为一名从事道路行业的人员，你怎么理解"弯道问题"及"平面三要素"和"交通事故多发点"之间的关系？

模块练习 ◢

一、填空题

（1）公路平面线形的三要素是指_____、_____和_____。

（2）两个转向相同的相邻曲线间以直线形成的平面线形称为_____曲线，而两个转向相反的相邻曲线间以直线形成的平面线形称为_____曲线。

（3）转向相同的两相邻曲线由直线连接，其直线长度一般不小于_____；转向相反的两相邻曲线由直线连接，其直线长度一般不小于_____。

（4）《公路工程技术标准》（JTG B01—2014）规定：当圆曲线半径小于_____，应设缓和曲线。但_____公路可不设缓和曲线，用直线径相连接。

二、单选题

（1）反映汽车在圆曲线上行驶横向安全、稳定程度的指标是（　　）。

A. 离心力　　　　B. 横向力

C. 垂向力　　　　D. 横向力系数

（2）公路弯道加宽一般在（　　）进行。

A. 外侧　　　　　B. 内侧

C. 中侧　　　　　D. 任意一侧

三、简答题

（1）设置缓和曲线的目的是什么？

（2）简述平面线形的组合形式。

四、建模题

（1）用"识别路线"法创建图 2.2.35 图框所示路段的平面。

（2）"练习道路"平曲线参数见表 2.2.6，请在"练习道路地形曲面"上创建该"练习道路"的平面。

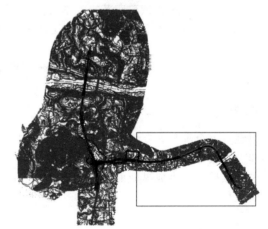

图 2.2.35　案例底图

表 2.2.6　"练习道路"平曲线参数表

交点编号	交点坐标		交点桩号 /m	圆曲线半径 /m	缓和曲线长度 /m
	Y	X			
QD	526390.969	3088647.923	0	—	—

交点编号	交点坐标		交点桩号 /m	圆曲线半径 /m	缓和曲线长度 /m
	Y	X			
JD1	526171.475	3088752.501	243.133	1500	95
JD2	525504.098	3088971.818	945.338	1500	125
JD3	523953.302	3089205.860	2513.038	1200	145
JD4	522963.925	3089115.851	3504.943	800	180
JD5	522462.684	3089373.535	4055.177	800	85
ZD	522128.925	3089463.014	4400	—	—

项目三　创建纵断面

【学习目标】

知识目标

（1）掌握道路纵断面基本知识和设计要求；

（2）掌握道路纵断面创建方法。

能力目标

（1）能够正确识读道路纵断面图；

（2）能够创建道路纵断面。

素养目标

（1）培养规范意识和严谨的工作态度；

（2）培养求真务实、精益求精的工作作风。

任务一　创建纵断文件

任务引入 ◄

经过上个项目，专用道路的平面线形创建已经完成。接下来，应进行专用道路纵断面的创建。在数维道路设计平台中，道路纵断面是用专门的纵断数据文件来记录的，平台根据文件中的数据自动生成纵断面图形。请根据专用道路纵断面图（见附录附图1）完成专用道路纵断文件的创建。

任务分析 ◄

道路纵断文件包括自然纵断文件和设计纵断文件。自然纵断是确定设计纵断的重要依据。因此，创建纵断文件时应先创建自然纵断文件，然后创建设计纵断文件。

知识储备 ◄

一、道路纵断面的概念

道路纵断面通常指道路纵断面图，它是反映道路高低起伏变化及其与沿线地形、地质及重要地物等的竖向相对位置关系的成果资料，是道路纵断面设计的主要成果，是道路设计的重要技术文件之一。

道路中线是一条具有左右转弯和竖向起伏的空间曲线。其竖向高低起伏变化决定了车辆行驶时上下坡坡度及变坡幅度的大小，对车辆行驶的安全性及经济性有着直接的影响。考虑到工程经济性，道路一般应在确保水稳定性等的前提下尽量采用贴近原地面的低填方路基。但原地面往往受自然条件影响，高低起伏变化差异较大，不能满足汽车行驶要求。因此，需要对原地面进行高挖低填处理，形成适于车辆安全、经济、舒适行驶的道路纵坡。

为得到适合的道路纵坡，需要进行复杂的道路纵断面设计工作。设计道路纵断面时，首先需要对原地形、地质、地物等进行详细勘测；然后根据勘测数据沿路线把原地面竖向剖切展开成剖面图并标注地质、地物及平曲线等信息；最后结合原地面高低起伏、地质、地物及平曲线等信息，在图上进行拉坡并设计竖曲线，形成既满足工程经济性要求又满足行车安全要求的道路设计纵断。把道路的设计纵断与平面线形结合起来，就能准确地定出道路的三维空间位置。

二、道路纵断面图的识读

道路纵断面图一般分图示区和数据表区上下两个部分。

图示区左侧竖有黑白相间的高度标尺，标距一般为 2m。图示区右侧有两条主要的线：一条是原地面线，称为自然纵断；另一条是道路标高设计线，称为设计纵断。自然纵断是根据道路中桩处的原地面高程绘制的一条不规则的折线，反映了沿着道路中线处原地面的高低起伏变化情况。设计纵断是经过技术上、经济上以及美学上等多方面比较后定出的一条具有规则形状的几何线，反映了道路建成后的上下坡及变坡等情况，由直线坡段和竖曲线两部分组成。自然纵断是客观的，绘制好后除非原观测数据有变化，一般不能进行改动。设计纵断由设计人员结合原地形、地质及重要地物等信息设计而成，通常要经过多次调整和优化。除此之外，图示区一般还会标注竖曲线的范围和主要参数、绘图比例尺等信息。

数据表区主要通过图表的方式给出了各桩号位置处对应的原地面高程、地质、平曲线及道路的设计高程、坡度、变坡等数据和信息。

道路纵断面设计成果主要包括自然地面高程数据和设计道路高程数据。道路建模时，一般会把自然地面高程数据和设计道路高程数据分别存储在两个独立的文件中。然后通过道路BIM建模软件读取两个文件的数据，自动绘制成可视化的道路纵断面图，可以对设计道路高程数据进行动态修改。

任务实施 ◀

点击"纵断"菜单，即可进入纵断设计工具栏。与道路纵断创建有关的所有命令和功能均可在此菜单下实现。工具栏分为"自然纵断""设计纵断""纵断拉坡"和"工具"四个分区（图 2.3.1）。

图 2.3.1　纵断设计工具栏

一、创建自然纵断

数维道路设计平台提供了"新建""导入"和"从地形提取"三种自然纵断创建方法，

分别对应于实际道路建模时的三种工作情境。自然纵断文件创建成功后，将在导航栏"工程"界面相应的路线名下出现对应的自然纵断文件。

1. 新建

当有自然纵断现场观测数据，但没有按平台要求的格式录入外部数据文件时，可选择新建自然纵断的方法。用户只需要逐桩录入自然纵断高程数据即可。具体操作如下：

点击"新建"图标，弹出"设置路线"窗口（图2.3.2）。选择要新建自然纵断的路线名称，点击"完成"，弹出"纵断面特性"窗口（图2.3.3）。"纵断面特性"窗口包括"信息"和"高程数据"两个选项卡。

图2.3.2 "设置路线"窗口

图2.3.3 "纵断面特性"窗口

"信息"选项卡界面分"显示""路线信息"上下两个分区。"显示"分区可以对自然纵断数据文件的名称进行编辑和修改，还可以给自然纵断数据文件添加描述信息。"路线信息"分区显示自然纵断数据文件所归属的路线名称、路线起终点桩号等信息，不可修改和编辑。

"高程数据"选项卡界面默认每20m桩取一条数据。距离中线偏移指自然纵断数据偏离道路中线的横向距离，可手动输入。数据列表中可双击修改桩号或高程数据，也可点击"+""×"图标来添加或删除数据行。桩号可输入纯数字，也可输入带前缀的桩号格式，平台能够自动转换为标准格式。

若选择"动态更新"，可在桩号列填完之后，自动从地形曲面提取高程，并重排桩号列。此时第一高程和第二高程（注：第二高程为遇到陡坎时，桩号稍微偏大位置处对应的地面高程）不可编辑。若不选"动态更新"，则列表所有数据可以自由编辑，对桩号列修改后，自动排序。

点击"确定"按钮将使编辑的数据正式存储生效并关闭对话框。点击"取消"按钮将直接关闭对话框。点击"应用"按钮将使编辑的数据正式存储生效，但不关闭对话框。

2. 导入

当有自然纵断现场观测数据，且已经按照平台要求的格式录入外部数据文件时，可选择导入的方法创建平台内部自然纵断文件。自然纵断外部数据文件是后缀为"zrzd"的文本文件，数据录入格式见图2.3.4，第一列为桩号，第二列为对应的高程，两列数据用空格分隔。用户只需根据提示选择相应的自然纵断外部数据文件路径及文件名，平台即可读入自然纵断数据。具体操作如下：

点击"导入"图标，弹出"设置路线"窗口，同图2.3.2。选择路线后，弹出"选择文件"窗口，见图2.3.5。选择数据文件，点击"打开"，即可弹出"纵断面特性"窗口，窗口除了在高程数据列表中列出从文件中读取的数据外，其他功能和操作方法同新建自然纵断，见图 2.3.6。

图 2.3.4　数据格式　　　　图 2.3.5　"选择文件"窗口

图 2.3.6　"纵断面特性"窗口

3. 从地形提取

当没有自然纵断现场观测数据，但地形曲面创建精度较高时，可以选择从地形提取自然纵断的方法，平台会自动根据道路中线处的地形曲面数据提取自然纵断数据。用户只需选择对应的地形曲面即可。具体操作如下：

点击"从地形提取"图标 从地形提取，选择路线后，弹出"设置地形"窗口，见图 2.3.7。选择路线所属曲面，点击"完成"，即可弹出"纵断面特性"窗口，见图 2.3.8。高程列表"第一高程"数据自动从地形曲面提取，除所提取的高程数据不能被编辑和修改外，其他编辑功能同新建自然纵断。

图 2.3.7　设置地形

图 2.3.8　"纵断面特性"窗口

二、创建设计纵断

设计纵断有"新建"和"导入"两种创建方法。设计纵断文件创建成功后，将在导航栏"工程"界面相应的路线名下出现对应的设计纵断文件。

1. 新建

点击设计纵断区域的"新建"图标 新建，弹出"设置路线"窗口（同图 2.3.2）。选择路线后，弹出"纵断面特性"窗口。窗口有"信息"和"纵断数据"两个选项卡界面。

"信息"选项卡界面类似于自然纵断"纵断面特性"窗口。内容如下：

"显示名称"输入框：编辑设计纵断名称。

"描述"输入框：描述说明该设计纵断。

"路线信息"：显示该纵断所属路线及起始桩号、结束桩号等，不可修改。

图 2.3.9 "纵断面特性"窗口
"纵断数据"选项卡界面

"纵断数据"选项卡界面（图 2.3.9）数据区默认起始桩号和结束桩号两条数据，其变坡点高程为对应桩号处的自然纵断高程，可以双击修改。也可点击"＋""×"按钮添加或删除数据行。桩号可输入纯数字，也可输入带前缀的桩号格式，平台能够自动转换为标准格式。

2. 导入

当已有道路纵断设计成果和按照平台格式要求录入的外部数据文件时，可使用导入的方法创建平台内部设计纵断文件。设计纵断外部数据文件是后缀为"sjzd"的文本文件，数据录入格式见图 2.3.10，第一列为桩号，第二列为对应的变坡点高程，第三列为竖曲线半径，三列数据用空格分隔。用户只需根据提示选择相应设计纵断外部文件的路径及文件名，平台即可读入设计纵断数据。具体操作如下：

点击工具栏设计纵断分区的"导入"图标，弹出"设置路线"窗口，选择路线后即可弹出设计纵断外部数据"选择文件"窗口，见图 2.3.11。选择文件，点击打开，弹出"纵断面特性"窗口。窗口除了显示的纵断数据不同外，其余显示信息内容及编辑方法完全同新建设计纵断，见图 2.3.12。

图 2.3.10 外部数据文件格式　　图 2.3.11 "选择文件"窗口　　图 2.3.12 "纵断面特性"窗口

任务总结 ◀

通过完成该任务，了解了道路纵断文件包括自然纵断和设计纵断两类文件均可通过文件导入或新建两种方法进行创建。在没有现场观测数据时，自然纵断也可通过地形曲面提取快速生成。

任务二　纵断拉坡

任务引入 ◀

经过上个任务，完成纵断文件创建后，道路中线已经被赋予了自然纵断数据和设计纵断数据。由上个任务的完成过程来看，自然纵断数据和导入生成的设计纵断数据是完整的，可以直接作为最终道路纵断数据来使用，而新建生成的设计纵断数据只包括路线起终点处的数据。因此，新建设计纵断数据需要进一步进行拉坡和竖曲线设计处理，导入的设计纵断数据往往也需要通过拉坡和竖曲线设计进行调整。

"专用道路"分别在桩号 K83＋530、K84＋320 和 K85＋280 处有三个变坡点，变坡点高程分别为 107.355m、123.945m 和 104.745m，请完成"专用道路"的设计纵断拉坡。

任务分析 ◄

纵断拉坡须在沿道路中线的竖向剖切面图中，根据图形控制和数据控制两种方法综合确定合适的变坡点位置和高程，要既能满足道路纵断面高程控制点要求，又能满足道路纵坡规范要求。

知识储备 ◄

一、道路纵坡要求

直线坡有上坡和下坡之分，用高差占水平长度的百分比来表示，上坡为正，下坡为负。直线坡的坡度和长度对车辆行驶的安全性和经济性有重要影响，因此我国《公路路线设计规范》（JTG D20—2017）和《城市道路工程设计规范》（CJJ37—2012）分别对公路和城市道路纵坡做了详细规定。

1. 公路纵坡要求

（1）公路的最大纵坡应不大于表 2.3.1 的规定，并应符合下列规定：

表 2.3.1 公路最大纵坡

设计车速/(km/h)	120	100	80	60	40	30	20
最大纵坡/%	3	4	5	6	7	8	9

① 设计速度为 120km/h、100km/h、80km/h 的高速公路，受地形条件或其他特殊情况限制时，经技术经济论证，最大纵坡可增加 1%。

② 改扩建公路设计速度为 40km/h、30km/h、20km/h 的利用原有公路的路段，经技术经济论证，最大纵坡可增加 1%。

③ 四级公路位于海拔 2000m 以上或积雪冰冻地区的路段，最大纵坡不应大于 8%。

（2）设计速度小于或等于 80km/h 且位于海拔 3000m 以上的高原地区的公路，最大纵坡应按表 2.3.2 的规定予以折减。最大纵坡折减后小于 4% 时应采用 4%。

表 2.3.2 高原纵坡折减值

海拔高度/m	3000～4000	4000～5000	5000 以上
纵坡折减/%	1	2	3

（3）公路纵坡不宜小于 0.3%。横向排水不畅的路段或长路堑路段，采用平坡（0%）或小于 0.3% 的纵坡时，其边沟应进行纵向排水设计。

（4）桥上及桥头路线的纵坡应符合下列规定：

① 小桥处的纵坡应随路线纵坡设计。

② 桥梁及其引道的平、纵、横技术指标应与路线总体布设相协调，各项技术指标应符合路线布设的规定。大、中桥上的纵坡不宜大于 4%，桥头引道纵坡不宜大于 5%，引道紧接桥头部分的线形应与桥上线形相配合。

③ 易结冰、积雪的桥梁，桥上纵坡宜适当减小。

④ 位于城镇混合交通繁忙处的桥梁，桥上及桥头引道纵坡均不得大于 3%。

（5）隧道及其洞口两端路线的纵坡应符合下列规定：

① 隧道内的纵坡应大于0.3%并小于3%，但短于100m的隧道不受此限。

② 高速公路、一级公路的中、短隧道，当条件受限制时，经技术经济论证后，最大纵坡可适当加大，但不宜大于4%。

③ 隧道内的纵坡宜设置成单向坡；地下水发育的隧道及特长、长隧道宜采用人字坡。

（6）位于城镇附近且非汽车交通量较大的路段，其纵坡可根据具体情况适当放缓。

2. 城市道路纵坡要求

机动车道最大纵坡应符合表2.3.3的规定，并应符合下列规定：

表2.3.3　城市道路最大纵坡

设计速度/(km/h)		100	80	60	50	40	30	20
最大纵坡/%	一般值	3	4	5	5.5	6	7	8
	极限值	4	5	6		7	8	

（1）新建道路纵坡应小于或等于最大纵坡一般值；改建道路、受地形条件或其他特殊情况限制时，可采用最大纵坡极限值。

（2）除快速路外的其他等级道路，受地形条件或其他特殊情况限制时，经技术经济论证后，最大纵坡极限值可增加1.0%。

（3）积雪或冰冻地区的快速路最大纵坡不应大于3.5%，其他等级道路最大纵坡不应大于6.0%。

（4）道路最小纵坡不应小于0.3%；当遇特殊困难，纵坡小于0.3%时，应设置锯齿形边沟或采取其他排水设施。

二、道路纵坡坡长要求

1. 公路纵坡坡长要求

《公路路线设计规范》（JTG D20—2017）要求公路纵坡的最小坡长应符合表2.3.4的规定。

表2.3.4　公路纵坡最小坡长

设计速度/(km/h)	120	100	80	60	40	30	20
最小坡长/m	300	250	200	150	120	100	60

不同纵坡的最大坡长应符合表2.3.5的规定。

表2.3.5　不同纵坡的最大坡长

设计速度/(km/h)		120	100	80	60	40	30	20
纵坡/%	3	900m	1000m	1100m	1200m	—	—	—
	4	700m	800m	900m	1000m	1100m	1100m	1200m
	5	—	600m	700m	800m	900m	900m	1000m
	6	—	—	500m	600m	700m	700m	800m
	7	—	—	—	—	500m	500m	600m
	8	—	—	—	—	300m	300m	400m
	9	—	—	—	—	—	200m	300m
	10	—	—	—	—	—	—	200m

2. 城市道路纵坡坡长要求

城市道路纵坡的最小坡长应符合表 2.3.6 的规定。

表 2.3.6　城市道路纵坡最小坡长

设计速度/(km/h)	100	80	60	50	40	30	20
最小坡长/m	250	200	150	130	110	85	60

当道路纵坡大于表 2.3.3 所列的一般值时，纵坡最大坡长应符合表 2.3.7 的规定。道路连续上坡或下坡，应在不大于表 2.3.7 规定的纵坡长度之间设置纵坡缓和段。缓和段的纵坡应不大于 3%，其长度应符合表 2.3.6 最小坡长的规定。

表 2.3.7　城市道路纵坡最大坡长

设计速度/(km/h)	100	80	60			50			40		
纵坡/%	4	5	6	6.5	7	6	6.5	7	6.5	7	8
最大坡长/m	700	600	400	350	300	350	300	250	300	250	200

非机动车道纵坡宜小于 2.5%；当大于或等于 2.5% 时，纵坡最大坡长应符合表 2.3.8 的规定。

表 2.3.8　城市道路非机动车道纵坡最大坡长

纵坡/%		3.5	3.0	2.5
最大坡长/m	自行车	150	200	300
	三轮车	—	100	150

三、道路纵坡控制点

道路纵断拉坡时，一些特殊的地物、地形或地质会限制路线标高范围，称为道路纵坡标高控制点。控制点一般分为必经点、限制点及经济点等类型。必经点指道路设计纵断必须经过的标高点，如道路起点和终点、越岭垭口、重要桥涵、隧道进出口、平面交叉口和一些立体交叉口等。限制点是指道路设计纵断在某桩号处的高程的上限点或者下限点，如地质不良地段的最小填土高度、最大挖深、沿溪线的洪水位、铁路道口等。经济点指山区道路建设中根据路基挖平衡关系控制路中心填挖值的标高点，道路设计纵断通过的经济点越多，工程经济性越高。

道路在进行纵断拉坡时，应通过必经点和限制点，尽可能多地经过经济点。

任务实施 ◀ ·······

一、启动纵断拉坡界面

点击"纵断"菜单下的"纵断拉坡"图标，然后选择路线，也可在工程管理面板上路线的自然纵断或设计纵断上单击右键，选择"启动拉坡"。根据提示指定拉坡起点桩号和终点桩号后进入纵断视图界面，见图 2.3.13。

在纵断拉坡模式下，平台的纵断菜单会发生变化，增加了"保存"与"取消"菜单项。点击"保存"后，当前拉坡修改数据保存到纵断文件并退出纵断拉坡模式。点击"取消"后，放弃拉坡修改的数据并退出纵断拉坡模式。

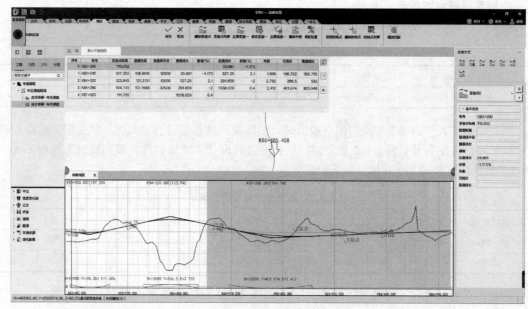

图 2.3.13　纵断视图界面

二、添加和删除控制点

点击"添加控制点"图标（图 2.3.14），选择控制点类型，在纵断视图适当位置点击鼠标左键即可成功添加路线设计纵断标高控制点，见图 2.3.15。

图 2.3.14　"添加控制点"图标

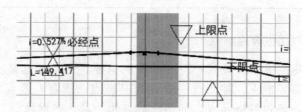

图 2.3.15　添加路线设计纵断标高控制点

删除标高控制点时，点击"删除控制点"图标，在纵断视图窗口左键单击要删除的控制点，选择"是"，即可删除相应的控制点。

对于已存在的控制点，可以通过点击"控制点列表"图标打开控制点列表显示其详细信息，见图 2.3.16。双击桩号或高程可以对原控制点数据进行修改，也可选择列表右上角的删除图标进行删除。

编号	控制点类型	桩号	高程	描述	净空
1	上限点	K85+500.000	112.1922		0
2	必经点	K85+873.242	107.118		0
3	下限点	K86+0.000	102.0861		0

图 2.3.16　控制点列表

三、添加和删除变坡点

1. 添加变坡点

启动纵断拉坡命令进入纵断视图界面后，默认处于添加变坡点命令状态。鼠标置于道路设计线合适位置处，左下角状态栏会提示点取变坡点位置。

点击鼠标左键后，系统自动添加一个随着鼠标位置移动而动态变化的变坡点，同时在状态栏提示按照某种锁定方式确定变坡点位置。

选取某种锁定方式或直接点击左键指定变坡点的固定位置和高程。添加完所有变坡点后，可以按 Esc 键退出添加变坡点命令，但仍处于纵断设计界面。如需再次启动添加变坡点命令，只需在界面右侧点击某种拉坡方式即可，见图 2.3.17。

图 2.3.17 拉坡方式选择

2. 删除变坡点

点击"删除变坡点"图标，移动鼠标到视图区，会自动吸附到最近一个变坡点。移动鼠标直到吸附到预定变坡点，点击鼠标左键，根据提示即可删除相应变坡点。也可以在变坡点列表区选中要删除的变坡点，点击删除按钮进行删除。

四、调整和修改变坡点

对已经存在的变坡点，可以通过以下四种方式进行调整和修改。

1. 使用"添加变坡点"命令

在"添加变坡点"命令状态下可对已有变坡点进行修改。启动"添加变坡点"命令，移动鼠标到已有变坡点附近，点击左键，即可处于变坡点位置动态点取状态。移动鼠标到合适位置，再次点击鼠标左键，即可改变原来的变坡点到新的位置。

2. 使用变坡点列表

已有变坡点的详细信息会显示在纵断视图窗口左上角的变坡点列表中，见图 2.3.18。双击变坡点桩号或者高程（标高），输入新的数据，按回车键或者在其他区域点击鼠标左键即可修改任一变坡点的桩号和高程。

序号	桩号	变坡点标高	路面标高	竖曲线半径	前直线长	前坡(%)	后直线长	后坡(%)	外距	切线长	竖曲线长	∅
0	QD K83+300.…	110.052					33.661	-1.173				
1	K83+530.000	107.355	108.9615	12000	33.661	-1.173	327.25	2.1	1.606	196.352	392.705	
2	K84+320.000	123.945	121.2131	13000	327.25	2.1	291.659	-2	2.732	266.5	533	
3	K85+280.000	104.745	107.1568	33500	291.659	-2	1338.029	0.4	2.412	401.974	803.949	
4	ZD K87+20.000	111.705			1338.029	0.4						

图 2.3.18 变坡点列表

也可修改变坡点列表中已有变坡点的前坡或后坡参数，系统会自动反算调整变坡点的位置和高程。

3. 使用"反算变坡点高程"命令

点击"反算变坡点高程"图标，启动"反算变坡点高程"对话框，见图 2.3.19。输入指定桩号处竖曲线上点的设计高程，点击"试算"即可反算出指定控制条件下的变坡点高程。点击"确定"即可对原变坡点数据进行更新。

4. 使用"修改变坡点"命令

点击"修改变坡点"图标，启动"修改变坡点"对话框，见图 2.3.20。选择控制类型，并输入控制参数，点击"试算"即可计算出其余参数。检查变坡点参数，符合要求后点击"确定"以对原变坡点数据进行更新。

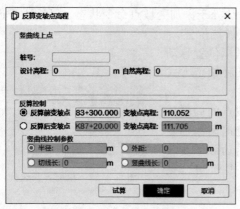

图 2.3.19　反算变坡点高程

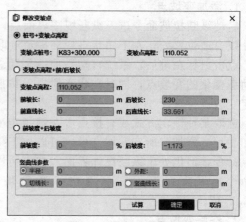

图 2.3.20　修改变坡点

任务总结 ◄

纵断拉坡的本质就是在控制点的限制下确定变坡点的数量和位置，使道路纵坡经济合理，同时满足规范要求。控制点和变坡点的创建均可以采用图控和数控两种方法来完成。

任务三　创建竖曲线

任务引入 ◄

经过上个任务，已经合理确定了"专用道路"的纵坡。但还必须在每个变坡点处按照规范要求布设竖曲线，以确保车辆在上下变坡时，安全、平稳行车。根据"专用道路"纵断面图（见附录附图1），"专用道路"各变坡点处竖曲线半径分别为：K83+530，12000m；K84+320，13000m；K85+280，33500m。创建"专用道路"竖曲线。

任务分析 ◄

竖曲线的创建须在纵断拉坡完成，确定每个变坡点处的变坡角后，在规范要求的范围内确定经济合理的竖曲线参数。竖曲线参数须满足规范要求，并注意与平面线形的协调问题。

知识储备 ◄

一、竖曲线参数的计算

纵断面上两个直线坡段的延长线交点称为变坡点。变坡处，通常需要设置曲线来缓和行车，称为竖曲线。根据竖曲线前后两直线坡度差的正负，竖曲线分为凹形竖曲线和凸形竖曲线。根据线形，竖曲线分为抛物线和圆曲线两种形式，多以抛物线进行计算。

假设某竖曲线的半径为 R，变坡角为 ω，则其曲线长 L、切线长 T 及外距 E 等可按式（2.3.1）计算。

$$\begin{cases} L=R\omega \\ T=L/2 \\ E=T^2/2R \end{cases} \qquad (2.3.1)$$

二、竖曲线的规范要求

《公路路线设计规范》（JTG D20—2017）要求公路纵坡变更处应设置竖曲线，竖曲线可采用圆曲线或抛物线，竖曲线最小半径及最小长度应符合表 2.3.9 的规定。

表 2.3.9 竖曲线最小半径及最小长度

设计速度/(km/h)		120	100	80	60	40	30	20
凸形竖曲线半径/m	一般值	17000	10000	4500	2000	700	400	200
	极限值	11000	6500	3000	1400	450	250	100
凹形竖曲线半径/m	一般值	6000	4500	3000	1500	700	400	200
	极限值	4000	3000	2000	1000	450	250	100
竖曲线长度/m	一般值	250	210	170	120	90	60	50
	极限值	100	85	70	50	35	25	20

除此之外，《公路路线设计规范》（JTG D20—2017）还要求对于设计速度大于或等于 60km/h 的公路，竖曲线设计宜采用长的竖曲线和长直线坡段的组合。有条件时宜采用大于或等于表 2.3.10 所列视觉所需要的竖曲线最小半径值。

表 2.3.10 视觉所需要的竖曲线最小半径

设计速度/(km/h)	竖曲线半径/m	
	凸形	凹形
120	20000	12000
100	16000	10000
80	12000	8000
60	9000	6000

《城市道路工程设计规范》（CJJ 37—2012）要求各级道路纵坡变化处应设置竖曲线，竖曲线宜采用圆曲线，竖曲线最小半径与最小长度应符合表 2.3.11 的规定。取值一般情况下应大于或等于一般值，特别困难时可采用极限值。

表 2.3.11 《城市道路工程设计规范》（CJJ 37—2012）竖曲线最小半径及最小长度

设计速度/(km/h)		100	80	60	50	40	30	20
凸形竖曲线半径/m	一般值	10000	4500	1800	1350	600	400	150
	极限值	6500	3000	1200	900	450	250	100
凹形竖曲线半径/m	一般值	4500	2700	1500	1050	700	400	150
	极限值	3000	1800	1000	700	450	250	100
竖曲线长度/m	一般值	210	170	120	100	90	60	50
	极限值	85	70	50	40	35	25	20

任务实施 ◄ ·····

一、创建竖曲线

1. 新建设计纵断文件，创建竖曲线

新建设计纵断文件时，在"纵断面特性"窗口"纵断数据"选项卡中（图 2.3.9），添加的非首尾变坡点处，可以输入相应的竖曲线半径，创建该变坡点处的竖曲线。

2. 添加变坡点，自动创建竖曲线

在纵断拉坡添加变坡点时，系统会根据规范要求给出推荐的竖曲线参数，并自动创建竖曲线，见图 2.3.21。在对变坡点进行修改时，相应的竖曲线也会随之进行动态调整。删除变坡点，相应的竖曲线也会随之删除。

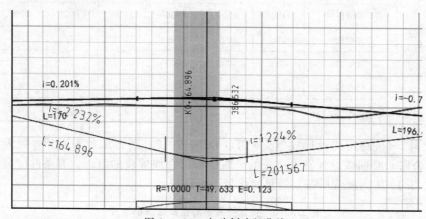

图 2.3.21 自动创建竖曲线

二、调整竖曲线

对创建好的竖曲线，可以采用以下两种方法进行曲线参数调整。

1. 变坡点列表

在变坡点列表（图 2.3.18）中，直接双击要修改的竖曲线半径、外距、切线长、竖曲线长度等参数，输入新的参数值，按回车键或在其他位置处单击鼠标左键，系统即自动重新计算其余竖曲线参数，并更新竖曲线模型。

2. 反算竖曲线半径

为了便于使道路设计纵断准确通过必经控制点，平台提供了反算竖曲线半径功能。点击"反算竖曲线半径"图标，即可弹出相应的窗口，如图 2.3.22 所示。输入控制点桩号及设计

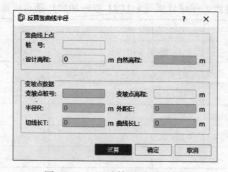

图 2.3.22 反算竖曲线半径

高程，点击"试算"即可反算出相应的竖曲线位置及参数。点击"确定"，系统将按照新的参数更新竖曲线模型。

任务四　平纵结合调整路线

任务引入 ◄

经过上文的任务，已经完成"专用道路"纵断面的创建（图 2.3.23）。规范规定，道路纵断面必须与其平面线形相协调，满足线形组合设计的要求。请对专用道路的平纵断面进行协调性检查。

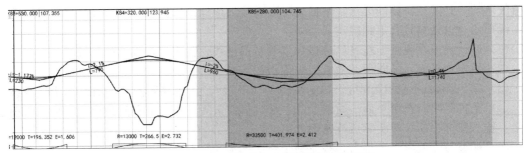

图 2.3.23　已创建的"专用道路"纵断面

任务分析 ◄

道路平纵结合调整路线，就是通过对比检查并调整使道路的平面线形与纵断线形协调，确保行车的安全、顺畅及舒适。将道路平面简图与纵断面图放在一起比对，能够使平纵线形协调问题更加直观，对不协调的地方，查阅路线平纵具体参数，检查并修改，使其满足规范关于线形组合设计方面的规定。这一任务可在纵断拉坡界面完成。

知识储备 ◄

道路线形设计必须综合考虑平纵线形的组合问题，以满足汽车运动学、力学，驾驶员视觉和心理方面的连续、舒适，以及道路与周围环境的协调和良好的排水条件等方面的要求。

我国公路及城市道路对道路线形组合均有相应的规范要求。

一、公路关于线形组合设计的规定

1. 线形组合设计的原则

《公路路线设计规范》（JTG D20—2017）规定：设计速度大于或等于 60km/h 的公路，应注重路线平、纵线形组合设计。设计速度小于或等于 40km/h 的公路，可参照相关要求执行。六车道及以上的高速公路，应重视直、曲线（含平、纵面）间的组合与搭配，在曲线间设置足够长的回旋线或直线，使其衔接过渡顺适，路面排水良好。

2. 线形组合设计的规范要求

《公路路线设计规范》（JTG D20—2017）规定公路线形组合设计应符合下列要求：

（1）平、纵线形宜相互对应，且平曲线宜比竖曲线长。当平、竖曲线半径均较小时，其相互对应程度应较严格；随着平、竖曲线半径的同时增大，其对应程度可适当放宽；当平、竖曲线半径均较大时，可不严格相互对应。

（2）长直线不宜与坡陡或半径小且长度短的竖曲线组合。

（3）长的平曲线内不宜包含多个短的竖曲线；短的平曲线不宜与短的竖曲线组合。

（4）半径小的圆曲线起、讫点，不宜接近或设在凸形竖曲线的顶部或凹形竖曲线的底部。

（5）长的竖曲线内不宜设置半径小的平曲线。

（6）凸形竖曲线的顶部或凹形竖曲线的底部，不宜同反向平曲线的拐点重合。

（7）复曲线、S形曲线中的左转圆曲线不设超高时，应采用运行速度对其安全性予以验算。

（8）应避免在长下坡路段、长直线路段或大半径圆曲线路段的末端接小半径圆曲线的组合。

二、城市道路关于线形组合设计的规定

《城市道路工程设计规范》（CJJ 37—2012）规定，线形组合应满足行车安全、舒适以及与沿线环境、景观相协调的要求，平面、纵断面线形应均衡，路面排水应通畅。

线形组合设计应符合下列规定：

（1）应使线形在视觉上能自然地诱导驾驶员的视线，并应保持视觉的连续性。

（2）应避免平面、纵断面、横断面极限值的相互组合设计。

（3）平、纵面线形应相互对应，其技术指标大小以及与之相邻路段各技术指标应均衡、连续。

（4）条件受限时选用平面、纵断面的各接近值或最大、最小值及其组合时，应考虑前后地形、技术指标运用等对实际运行速度的影响。

（5）横坡与纵坡应组合得当，并应利于路面排水和行车安全。

任务实施 ◂

一、平纵组合分析

1. 图形对照分析

打开"专用道路"纵断拉坡窗口。从平面图上直观可见，平面线形主要包括长直线、左转平曲线和右转平曲线。从纵断面图上可直观看到，其纵断面由三段竖曲线和三段直线坡组成，其中第一段竖曲线半径较小，第三段直线坡较长（图2.3.24）。

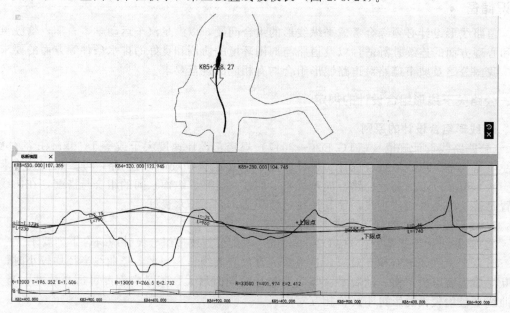

图2.3.24 "专用道路"平纵图形对照

用鼠标从纵断面图起点到终点慢慢移动，上部平面图上会有红色空心箭头随之移动，并显示桩号变化。从图上，大致可见第一段竖曲线和第二段竖曲线处于平曲线长直线段，第三段竖曲线处于第一段平曲线段，纵断面长直线坡处于第二段平曲线范围。

2. 参数分析

查询道路平曲线与竖曲线参数，如图 2.3.25 所示。由平纵线形参数可见，平纵断面图直观对照结果正确。

平面线形		桩号	纵断线形	
长直线	道路起点	K83+300	道路起点	
	—	K83+333.648	QD1	第一段竖曲线
	—	K83+726.352	ZD1	
	—	K84+53.5	QD2	第二段竖曲线
	—	K84+586.5	ZD2	
第一段平曲线	ZH1	K84+669.811	—	—
		K84+878.026	QD3	第三段竖曲线
	HY1	K84+889.811		
	YH1	K85+651.594	—	
	—	K85+681.974	ZD3	
第二段平曲线	HZ1(ZH2)	K85+871.594		长直线坡段
	HY2	K86+71.594	—	
	YH2	K86+813.194	—	
	HZ2	K87+13.194		
道路终点		K87+20	道路终点	

图 2.3.25 "专用道路"平纵线形参数

二、平纵线形组合规范性检查及调整

对照公路平纵线形组合设计的规范要求第一条，平曲线宜比竖曲线长，即通常所说的"平包纵"，"专用道路"符合规范要求。

对照公路规范要求第二条，长直线不宜与坡陡或半径小且长度短的竖曲线组合。"专用道路"长直线包含了第一段竖曲线和第二段竖曲线。第一、二段竖曲线半径分别为 12000m 和 13000m，长度分别为 392.704m 和 533m，属于大半径长竖曲线，符合规范要求。

对照第三、四、五、八条，"专用道路"不存在短平曲线及竖曲线，符合规范要求。

对照第六条，第一段平曲线与第二段平曲线属于反向平曲线，其拐点桩号为 K85＋871.594，处于直线坡段，不在竖曲线顶部或底部，符合规范要求。

对照第七条，"专用道路"均设置超高，不需进行专门验算。

通过以上对照分析，"专用道路"平纵线形组合符合规范要求，不需要进行调整。

拓展思考 ◄

道路纵断面线形与交通安全有着密切关系。研究表明，在平原地区、丘陵地区和山区道路上，发生于坡道部分的交通事故分别占 17%、18% 和 25%。

道路纵坡越大，车速变化越大，发生交通事故的概率越大，特别是下坡路段发生事故的概率要明显高于上坡路段。因此，道路纵坡不宜过大。但过小的道路纵坡也会因为排水不畅，造成路面积水，使车辆打滑失控，而引起交通事故。

除了坡度大小的影响外，坡长对交通安全也有较大影响，特别是长大陡坡。重型车辆上坡行驶在长大陡坡上时，车速会明显降低，形成低速"压道"现象，容易被频繁超车，容易引发交通事故。车辆下坡行驶在长大陡坡路段时，容易车速过快造成失控或者频繁刹车使刹车失灵而引发交通事故。因此，道路纵坡特别是陡坡不宜过长。但过短的坡长，大大缩短了车辆变坡时间间隔，容易造成颠簸，也易于给司机造成视觉上的错觉而影响行车舒适性和安全性。

在纵坡变化处的凹形或凸形竖曲线，当半径过小时，会大大缩小驾驶员的视距，特别是在夜间行车时会影响照明距离，易于影响交通安全。

为了减少道路纵断面线形引起的交通事故，我国公路及城市道路相关规范和标准均对道路纵断面各参数的范围进行了限制。请总结思考：我国规范标准中关于道路纵断面参数的限制包括哪些方面？分别是怎么样规定的？

模块练习 ◀

一、填空题

（1）纵断文件包括_____纵断文件和_____纵断文件两类。

（2）纵断面图上，自然纵断是以_____线形表示的，设计纵断是以_____线形表示的。

（3）纵断面图上，自然纵断和设计纵断高程数据一般是_____m一个。

（4）纵断面图的数据栏一般包括_____、_____、_____、_____、_____、_____、_____等信息。

（5）为了确保排水畅通，我国公路纵坡不宜小于_____%。

（6）设计车速为80km/h的公路，最小纵坡长度为_____m。

（7）竖曲线参数包括_____、_____、_____等。

二、判断题（正确的打"√"，错误的打"×"）

（1）自然纵断文件和设计纵断文件，先创建哪个都没关系。（　　）

（2）从地形图提取的自然纵断数据可以修改。（　　）

（3）设计纵断数据文件创建完成后，道路纵断设计还没有完成。（　　）

（4）纵断数据文件是文本文件。（　　）

三、简答题

（1）自然纵断数据与设计纵断数据有哪些联系与区别？

（2）数维道路设计平台中，纵断拉坡有几种方法？

四、建模题

"练习道路"竖曲线参数见表2.3.12，请创建该"练习道路"的纵断面。

表 2.3.12　"练习道路"竖曲线参数

变坡点编号	变坡点桩号	变坡点高程/m	竖曲线半径/m
1	K0＋800	1585	20000
2	K2＋110	1605	30000
3	K3＋400	1590	50000

项目四　创建横断面

【学习目标】

知识目标

（1）掌握道路横断面基本知识和设计要求；

（2）掌握道路横断面创建方法。

能力目标

（1）能够识读道路横断面图；

（2）能够创建道路横断面。

素养目标

（1）培养规范意识和严谨的工作态度；

（2）培养求真务实、精益求精的工作作风。

任务一　布设道路板块

任务引入 ◄

经过前面两个项目，"专用道路"已经完成了平、纵线形的创建。接下来，只需要创建"专用道路"的横断面（俗称"戴帽子"）即可形成完整的"专用道路"三维立体模型。横断面设计一般包括道路板块的布设、边坡设计、超高和加宽设计等。"专用道路"标准横断面及路面结构见图2.4.1，请完成"专用道路"板块的创建。

任务分析 ◄

创建道路横断面板块，必须先创建相应的板块方案。然后将创建好的板块，布置到道路的相应区段即可。

知识储备 ◄

道路的横断面，是指中线上各点的法向竖直剖面，主要由横断面设计线和地面线构成。其中横断面设计线主要由路幅（行车道、路肩、分隔带、路缘带、设施带等）和边坡（含边沟、截水沟、护坡道等）两部分组成。路幅一般指道路路基顶面两路肩外侧边缘之间的部分。城市道路的横断面还包括非机动车道、人行道、绿化带、分车带等。高速公路和一级公路上还有变速车道、爬坡车道、应急车道等。考虑各组成部分厚度的路幅也称为板块。地面线是表征垂直道路中线方向的地面起伏变化线，一般由折线表示，它是通过现场实测或由大比例尺地形图、航测像片、数字地面模型等途径获得的。

一、道路路幅的组成

1. 公路路幅

公路路幅一般分为单幅和双幅。

单幅路分为单幅单车道道路和单幅双车道道路。我国低等级公路，如二级公路、三级公路和一部分四级公路，多采用单幅双车道，见图2.4.2。对交通量小、地形复杂、工程艰巨的山区公路或地方性道路，多采用单幅单车道。如我国相关标准规定的山区四级公路路基宽度为4.50m，路面宽度为3.50m者就属于单幅单车道。

双幅路分为整体式路基道路和分离式路基道路，一般用于高等级的公路，如高速公路、一级公路。整体式双幅路基是通过分隔带将双向交通分隔开来。分离式双幅路基是将双向交通分隔在两个相对独立的并行路基上。整体式路基包括行车道、中间带、路肩以及应急车道、爬坡车道等组成部分，见图2.4.3。分离式路基的每个单向路基一般由行车道、硬路肩（含路缘带）、土路肩等组成，见图2.4.4。

2. 城市道路板块

城市道路交通组成比较复杂，除了各种机动车辆外，行人和非机动车较多。针对不同交通方式的特点，解决好各种交通之间的干扰问题，是城市道路横断面板块设计的重点。

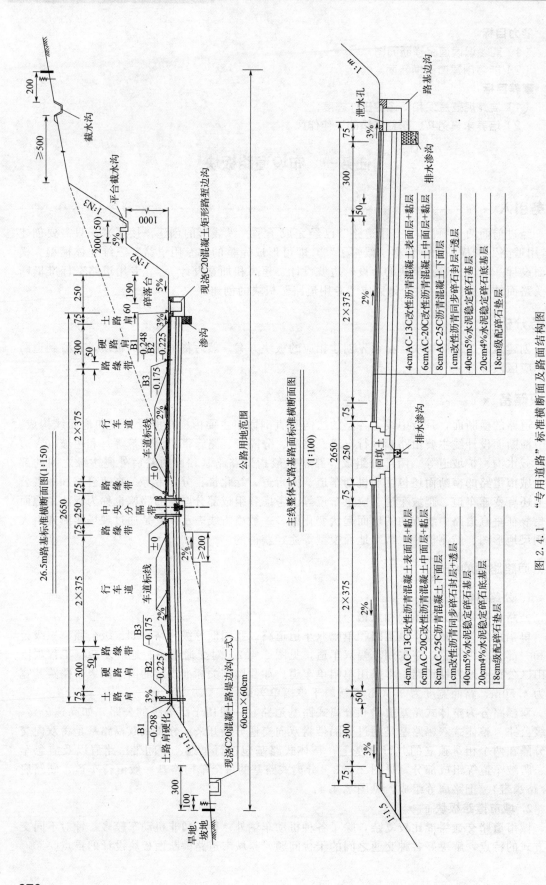

图 2.4.1 "专用道路"标准横断面及路面结构图

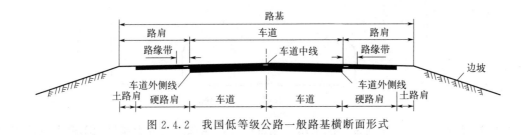

图 2.4.2 我国低等级公路一般路基横断面形式

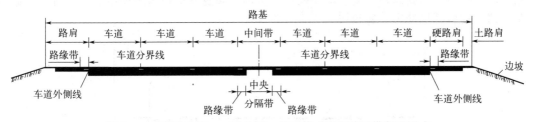

图 2.4.3 高速公路、一级公路一般整体式双幅路基横断面形式

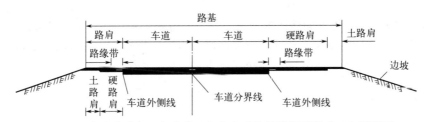

图 2.4.4 高速公路、一级公路一般分离式路基横断面形式（右幅断面）

不同于公路，城市道路的行车道分为机动车道和非机动车道，并且增加了人行道，有些主干快速路还设置了辅道。交通分隔也不仅要分隔对向行驶的机动车，还要对同向行驶的机动车和非机动车进行分隔。因此，交通量大的城市主干道路除了要设置中央分隔带外，往往还要设置机非隔离带。另外，有些路段设施复杂或者出于环境保护及未来交通发展考虑，往往需要设置设施带和较宽的绿化带。

因此，城市道路的路幅一般比公路复杂，城市道路分为单幅路、双幅路、三幅路和四幅路等，通常称为"一板块""二板块""三板块"和"四板块"。

单幅路（图 2.4.5）占地少，投资省，但由于各种交通工具混合行驶，干扰较大，通行能力较小。单幅路一般只适用于交通量不大、用地紧张的次干路、支路等。

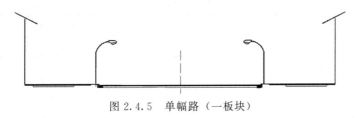

图 2.4.5 单幅路（一板块）

双幅路（图 2.4.6）将交通干扰最大的对向行驶机动车进行了分隔。分隔带一般采用绿化带，在能够提高交通通行能力的同时，还可用于改善环境、布置照明设施、敷设管线等。双幅路一般主要用于非机动车较少的快速路和郊区道路。

三幅路（图 2.4.7）将机动车与非机动车进行分隔，能够减少非机动车与机动车之间的

图 2.4.6　双幅路（二板块）

干扰并提高安全性。机非隔离带一般采用绿化带形式，能够大大减少非机动车进入机动车道的机会，同时还能起到改善环境、减少噪声、可用于布置其他设施等作用。三幅路一般适用于非机动车较多、机动车车速较快的主干道路。

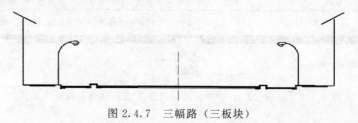

图 2.4.7　三幅路（三板块）

　　四幅路（图 2.4.8）将不同性质的交通进行完全分离，既保证了机动车的快速行驶，又确保了交通安全，通行能力及安全性都较高，但占地大、投资高。四幅路一般适用于机动车辆流量大、车速高，非机动车多的快速路与城市主干路。

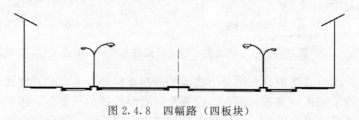

图 2.4.8　四幅路（四板块）

二、行车道宽度

1. 公路行车道宽度

我国《公路路线设计规范》（JTG D20—2017）规定，公路行车道宽度应按表 2.4.1 取用，并符合下列要求。

表 2.4.1　公路行车道宽度

设计车速/(km/h)	120	100	80	60	40	30	20
车道宽度/m	3.75	3.75	3.75	3.50	3.50	3.25	3.00

　　（1）八车道及以上公路在内侧车道（内侧第 1、2 车道）仅限小客车通行时，其车道宽度可采用 3.50m。

　　（2）以通行中、小型客运车辆为主且设计速度为 80km/h 及以上的公路，经论证，车道宽度可采用 3.50m。

　　（3）四级公路采用单车道时，车道宽度应采用 3.50m。

　　（4）设置慢车道的二级公路，慢车道宽度应采用 3.50m。

　　（5）需要设置非机动车道和人行道的公路，非机动车道和人行道等的宽度，宜视实际情况确定。

2. 城市道路行车道及人行道宽度

《城市道路工程设计规范》（CJJ 37—2012）规定，我国城市道路机动车道、非机动车道和人行道宽度，应符合下列要求。

（1）城市道路一条机动车道最小宽度应符合表 2.4.2 的规定。机动车道路面宽度应包括车行道宽度及两侧路缘带宽度。单幅路及三幅路采用中间分隔物或双黄线分隔对向交通时，机动车道路面宽度还应包括分隔物或双黄线的宽度。

表 2.4.2　城市道路一条机动车道最小宽度

项目	设计速度/(km/h)	
	>60	≤60
大型车或混行车道最小宽度/m	3.75	3.50
小客车专用车道最小宽度/m	3.50	3.25

（2）非机动车道宽度应符合下列规定。

① 一条非机动车道宽度应符合表 2.4.3 的规定。

表 2.4.3　一条非机动车道宽度

项目	自行车	三轮车
非机动车道宽度/m	1.0	2.0

② 与机动车道合并设置的非机动车道，车道数单向不应小于 2 条，宽度不应小于 2.5m。

③ 非机动车专用道路宽度应包括车道宽度及两侧路缘带宽度，单向不宜小于 3.5m，双向不宜小于 4.5m。

（3）人行道宽度必须满足行人安全、顺畅通过的要求，并应设置无障碍设施。人行道最小宽度应符合表 2.4.4 的规定。

表 2.4.4　人行道最小宽度

项目	人行道最小宽度/m	
	一般值	最小值
各级道路	3.0	2.0
商业或公共场所集中路段	5.0	4.0
火车站、码头附近路段	5.0	4.0
长途汽车站	4.0	3.0

任务实施 ◢ ·······

一、创建板块方案

1. 查看板块方案

点击左侧导航栏 ▦ 图标，打开"方案"—"板块方案"子节点，即可查看各类已有道路板块。数维道路设计平台把道路板块分为"公路""城市道路""匝道"和"附加板块"四个类型。点击展开各子节点，可以看到每个类型下建有若干板块方案，见图 2.4.9。其中，

"公路"下对应各种等级的公路方案模板，"城市道路"下对应各种类型的城市道路方案模板，"匝道"为立交匝道、分离式路基匝道方案模板，"附加板块"为独立板块模板。

2. 新建板块方案

在任一个类型名称子节点上单击右键可以新建该类型板块方案。新建板块方案窗口见图2.4.10，窗口的功能及操作方法如下：

图2.4.9 板块方案面板

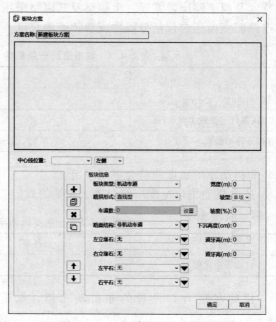

图2.4.10 新建板块方案窗口

（1）方案名称编辑框：输入板块方案名称，在所在分类下板块方案名称不能重复；若重复则提示"该板块方案名称已经存在，请重新指定！"。

（2）预览图区域：显示已经添加的板块，每添加一个板块或修改一个板块的参数后，预览图刷新显示。

（3）中心线位置下拉框：设置板块方案中心线所在的板块，以及中心线在该板块中的具体位置，调整后预览图随之更新。选择中心线所在的板块，下拉框数据为动态，数据来源于"板块列表框"。下拉框可选项有：左侧、中间、右侧、指定位置。当选择指定位置时，右侧出现距离板块"右侧""左侧"单选钮控件（默认选中"右侧"单选钮）和偏移距离编辑框控件。偏移距离编辑框"取值大于等于0且小于等于板块宽度"，默认值为1m。当值过小时提示"中心线偏移值太小！"。当值大于板块宽度时，提示"中心线偏移值不能超过板块宽度！"。

图2.4.11 板块列表

（4）板块列表：显示板块组件列表。进入初始界面，默认选中第一项。另外可对当前板块方案中的板块组件进行添加、复制新建、删除、镜像、上移、下移，见图2.4.11。

"添加"按钮：点击 ➕ 按钮，弹出列表框，可以在当前板块方案中增加新的板块。列表可选项有：机动车道、非机动车道、辅路、人行道、硬路肩、土路肩、分隔带等。当鼠标放在某一项上时，在其旁边出现该板块的构件类型列表框。当点击某构件类型后，则在当前板块方案后追加新的板块。当任何选项都不选，鼠标单击列表框以外位置时，则关闭这两个列表框。

"复制新建"按钮：点击 按钮可以新建一个与所选板块参数相同的板块。

"删除"按钮：点击 按钮可以删除所选择的板块。

"镜像"按钮：点击 按钮，相对于中央板块，镜像当前选中板块。如果选中中心线所在板块的话，点击该按钮则将中心线左侧的所有板块全部镜像到右侧。

"上移"按钮：点击 按钮可以将该板块的位置向上移动，预览图实时变化。

"下移"按钮：点击 按钮可以将该板块的位置向下移动，预览图实时变化。

(5) 板块信息：可对当前板块列表中选中的板块组件进行板块类型、板块宽度、坡型、坡度、路拱形式、车道数、路面结构、立缘石、平石等设置，见图 2.4.12。

"板块类型"下拉框：设置板块类型。可以选择的板块类型有：机动车道、非机动车道、辅路、人行道、硬路肩、土路肩、分隔带等。

"宽度"编辑框：设置当前选中板块的宽度，输入值范围为 0.1~1000。

"路拱形式"下拉框：在板块类型为机动车道、非机动车道和辅路时，"路拱形式"下拉框控件可用，可设置板块的路拱形式。下拉框控件可以选择的路拱形式有：直线形路拱、二次抛物线形路拱、三次抛物线形路拱、N 次抛物线形路拱、直线接 N 次抛物线形路拱、直线接圆曲线形路拱和多线形路拱。

"车道数"编辑框：在板块类型为机动车道时，编辑框可用，可设定当前机动车道的车道数，为后续标线、交通线等的布置提供数据，见图 2.4.13。

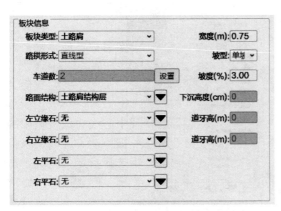

图 2.4.12 板块信息

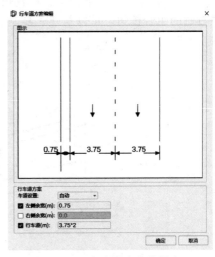

图 2.4.13 行车道方案编辑窗口

① 左侧余宽：设定车道左侧的余宽值。

② 右侧余宽：设定车道右侧的余宽值。

③ 行车道：设定行车道的宽度和数量，用"车道宽 * 车道数"表示。

④ 对向车行道分界线：根据左右侧余宽和行车道宽计算得出对向车行道的分界线宽度，此数值通过自动计算得到，不可修改。

"坡型"下拉框：在板块类型为机动车道时可用。设置板块的横坡类型，可以选择的横坡类型有：单坡、双坡。除机动车道外，其他板块坡型默认为单坡，不可修改。

"坡度"编辑框：设置板块的坡度值。当坡型为双坡时，两者的坡度值相同，仍旧只设置这个坡度值。另外，硬路肩与相邻的行车道坡度保持一致，两者联动修改。

"路面结构"下拉框：在板块类型为机动车道、非机动车道、辅路、人行道、硬路肩时可用。下拉列表显示当前路面结构构件的所有构件类型，通过构件类型获取相应的结构层数据。点击下拉框右侧的组合按钮，可以新建、复制、编辑和删除结构层构件类型，见图2.4.14。

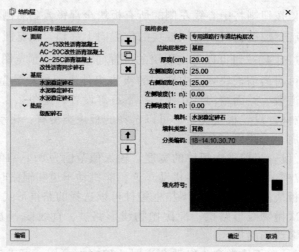

图2.4.14　路面结构编辑窗口

"左（右）立缘石"下拉框：设置板块的左侧（右侧）使用的立缘石构件类型。点击下拉框右侧的组合按钮，可以新建、复制、编辑和删除立缘石构件类型，见图2.4.15。

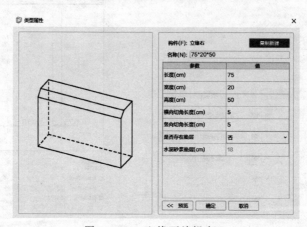

图2.4.15　立缘石编辑窗口

"道牙高"编辑框：在对应的立缘石存在时可用，设置板块的左侧（右侧）立缘石高出相邻板块的高度。

"左（右）平石"下拉框：在板块类型为机动车、非机动车、辅路时可用，设置板块的左侧（右侧）平石构件类型。点击下拉框右侧的组合按钮，可以新建、编辑和复制平石构件，界面同立缘石新建、编辑和复制编辑界面，见图2.4.16。

3.复制、编辑和删除板块方案

在任一板块方案上单击右键，可以复制、编辑和删除板块方案。复制的板块方案可以通过编辑成为新的板块方案。对于作废的板块方案，可以进行删除操作。板块方案编辑窗口，除了已有板块内容外，其所有内容及操作方法同新建板块方案窗口。

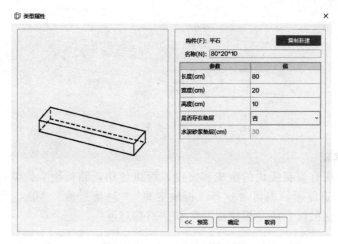

图 2.4.16 平石编辑窗口

例如，图 2.4.1 所示的"专用道路"板块方案的复制新建过程如下：

（1）复制新建"高速公路（100km/h，4 车道）26m"方案；

（2）右键单击复制的"高速公路（100km/h，4 车道）26m［副本］"方案，选择编辑；

（3）在弹出的"板块方案"编辑窗口中，修改方案名称为"专用道路板块"；

（4）在板块列表区分别选中土路肩、硬路肩、机动车道和分隔带，并在板块信息区修改各自的参数，见图 2.4.17；

（5）在路面结构下拉框中复制机动车道并选择编辑，启动结构层编辑窗口；

（6）通过结构层编辑窗口修改层次名称为"专用道路行车道结构"，并按照图 2.4.1 设置各层次参数，点击确定保存退出。

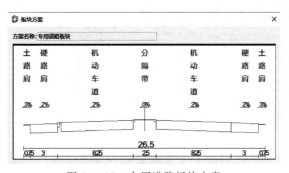

图 2.4.17 专用道路板块方案

二、布设道路板块

点击"道路"菜单下的"新建路段"图标，弹出板块方案选择窗口。双击"专用道路板块"图标或者左键单击选中后点击确定按钮，进入道路板块布设命令。根据命令行提示选择路线并点取或输入要布设板块的路线区段起终点桩号，弹出新建道路窗口。选择设计纵断文件及地形曲面，点击确定即可完成相应区段的板块方案布设，见图 2.4.18。

三、道路板块的编辑和方案修改

对于已经布设板块的道路，还可以进一步进行板块的编辑或板块方案修改。

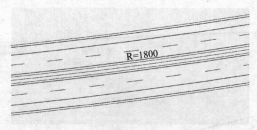

图 2.4.18 板块方案布设效果

1. 道路板块编辑

如果仅需改变现有道路板块的组成和宽度，可以使用道路板块系列编辑命令来完成，见图 2.4.19。常用的道路板块编辑命令有"板块变宽""路幅过渡""指定边界""夹点编辑"等。受篇幅所限，这里仅介绍"板块变宽"和"路幅过渡"。

图 2.4.19 道路板块编辑工具栏

（1）板块变宽。点击"板块变宽"图标，启动板块变宽命令，根据提示选择要变宽的道路和区段后弹出"板块变宽"窗口，见图 2.4.20。

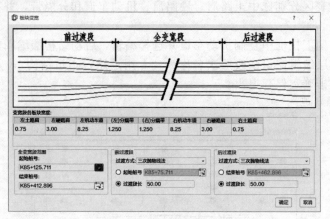

图 2.4.20 "板块变宽"窗口

"变宽段各板块宽度"栏：列出了可变宽板块的现有宽度，可以双击修改为新的宽度。中央板块分左右两个半幅列出，可分别修改它们的宽度。

全变宽段范围"起始桩号"栏：输入全变宽段起始桩号。

全变宽段范围"结束桩号"栏：输入全变宽段结束桩号。

前过渡段"过渡方式"选项：选择前过渡段过渡方式，有"直线比例法""三次抛物线法"和"不过渡"三个选项。

前过渡段"起始桩号"栏：需要过渡时，选中后输入前过渡段起始桩号，未选中时只读显示计算得到的起始桩号。不需要过渡时灰显且清空内容。

前过渡段"过渡段长"栏：需要过渡时，选中后输入前过渡段长，未选中时只读显示计算得到的前过渡段长。不需要过渡时灰显且清空内容。

后过渡段"过渡方式"选项：选择后过渡段过渡方式，有"直线比例法""三次抛物线法"和"不过渡"三个选项。

后过渡段"结束桩号"栏：需要过渡时，选中后输入后过渡段结束桩号，未选中时只读显示计算得到的结束桩号。不需要过渡时灰显且清空内容。

后过渡段"过渡段长"栏：需要过渡时，选中后输入后过渡段长，未选中时只读显示计算得到的后过渡段长。不需要过渡时灰显且清空内容。

（2）路幅过渡。路幅过渡用于衔接过渡板块方案变化，让道路在变化板块位置平顺地连接。

点击"路幅过渡"图标，启动路幅过渡命令，根据提示选择道路和区段后弹出"路幅变化过渡设计"窗口，见图2.4.21。选择过渡方式，以及起止桩号以后，即可进行自动过渡，当前可以支持七种方式的自动过渡和手动过渡。

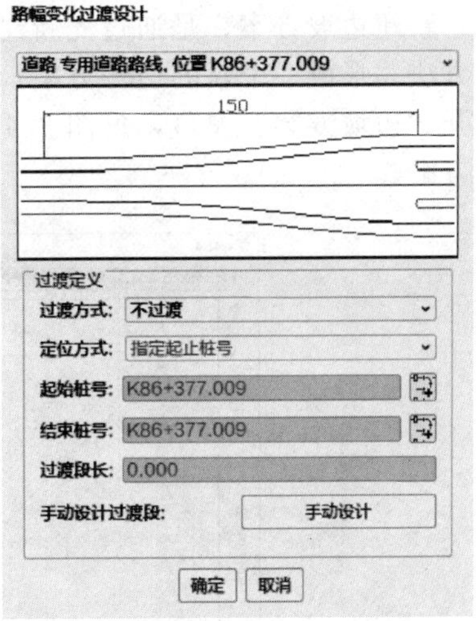

2. 道路板块方案的修改

如果既要改变现有道路板块的组成和宽度，又要改变道路板块的结构层次等参数，须用道路板块方案修改的方法来完成。

可以在左侧导航栏相应的路线名称上单击右键，选择"道路特性"命令，在启动的道路特性窗口板块方案

图2.4.21　"路幅变化过渡设计"窗口

工具条上单击"编辑"即可启动板块方案编辑窗口。该窗口编辑操作方法同"新建板块方案"窗口。

任务总结 ◄

道路板块比较复杂，同一条道路不同区段，板块往往不同。对于道路全段板块统一的简单情况，可以先建立道路板块方案，然后全段布设即可。对于道路全段板块不统一的情况，可以先建立多个板块方案，然后分段布设，布设完成后再用板块过渡类命令进行编辑或者通过道路特性窗口启动板块方案编辑窗口进行方案修改。

任务二　创建道路边坡

任务引入 ◄

道路板块创建完成后，需要进一步为道路添加两侧边坡。"专用道路"边坡见图2.4.1。请为"专用道路"添加边坡。

任务分析 ◄

道路边坡分为填方边坡和挖方边坡，道路两侧情况往往并不相同。所以创建边坡，往往要分路段、路侧采用不同方案进行放坡。

任务实施 ◄

一、边坡方案

1. 查看边坡方案

点击左侧导航栏 田 图标，依次打开"方案"—"边坡"节点，即可看到已有边坡方案。

这里只显示已有边坡方案的名称，如要查看边坡方案的详细内容，需要双击已有边坡方案的名称，打开边坡方案编辑窗口进行查看。

2. 新建边坡方案

新建边坡方案，是通过先新建一个空边坡方案，然后在这个空边坡方案中添加边坡组件的方法，形成一个新的边坡方案。在"边坡方案"节点上单击右键选择"新建方案"，可以打开"边坡方案"窗口，见图2.4.22。此时，可以利用简单的边坡组件创建比较复杂的边坡方案。

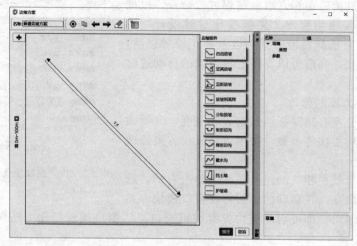

图2.4.22 "边坡方案"窗口

"边坡方案"窗口功能及操作方法如下：

（1）名称：输入或修改边坡方案的名称。

（2）工具栏：可以对选中的边坡组件进行复制、移动、删除等操作。

（3）操作区：显示并编辑已添加的边坡组件。可以用鼠标左键单击进行组件选中，左键单击拖动调整组件位置。使用Ctrl+鼠标滚轮进行缩放显示，也可以点击工具栏的窗口还原图标或者按Ctrl+R键进行还原显示。

（4）高差条件：根据设定的高差条件选择不同的放坡设置。假设放坡高差为m，则须满足$m_{min} \leqslant m < m_{max}$的高差条件。

可以添加多个高差条件，点击 ➕ 图标，增加一个高差条件的填挖范围。点击高差条件区高差范围上的"×"按钮可以删除该放坡条件。

（5）边坡组件：边坡方案的组成单元，可以使用添加、移动等编辑命令或修改参数的方法进行修改组合，形成完整的边坡方案。

① 添加组件：在"边坡组件区"，当鼠标滑过组件时，组件处于"预选择状态"。单击选择所需组件，选中组件处于"选中"状态。在"操作区"需要放置组件的位置，点击鼠标，组件自动插入到鼠标指定位置，其他组件自动排序。

② 删除组件：选中需要删除的组件，使用Delete键，或者工具菜单 ✏ 按钮。

③ 修改位置：拖动组件，或使用工具栏的 ← → 可以调整组件位置。

④ 修改属性：在操作区单击鼠标左键选中需要修改参数的组件，则在"属性面板"里面显示组件属性参数，可以根据需要对这些参数进行修改。

3. 复制新建、删除和编辑边坡方案

在任一边坡方案上单击右键选择"复制新建"，即可得到一个与该边坡方案内容相同但命名不同的边坡方案。

在已有的边坡方案上单击右键选择"删除"，可以删除已有的边坡方案。

在复制新建的边坡方案上单击右键选择"编辑"，可以打开边坡方案窗口。这时的边坡方案窗口，除了已经存在的边坡组件外，其余内容和操作同"新建"边坡方案窗口。

二、布设边坡

边坡布设方法有"方案放坡""边坡计划""自定义放坡"等多种方法。篇幅所限，这里仅介绍"方案放坡"和"边坡计划"。

1. 方案放坡

方案放坡是使用已有道路边坡方案进行放坡。这种方法必须在放坡前建立道路全部放坡方案。在放坡过程中，只能选择已有方案进行放坡，不能新建或修改放坡方案。

点击 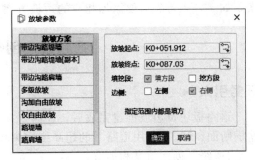 图标，选择道路、路段起始桩号和路段结束桩号后，系统弹出"放坡参数"设置窗口，见图 2.4.23。选择相应的放坡方案并设置道路边侧、填挖段等参数，点击"确定"按钮，即可完成放坡。该窗口功能及操作方法如下：

（1）放坡方案：系统已经配置的放坡方案。可以在"方案"—"边坡方案"里面维护。

（2）放坡起（终）点：放坡段的起始（结束）桩号。

图 2.4.23 "放坡参数"设置窗口

（3）放坡段：填（挖）方段，仅对填方（挖方）段放坡。

（4）边侧：选择道路的右侧/左侧，若所选路段边侧（左侧/右侧）已存在边坡，则可选择是否替换原有边坡。

2. 边坡计划

边坡计划功能不仅可以选择已有边坡方案进行放坡，还可以对已有边坡方案进行编辑或复制新建边坡方案进行放坡。其编辑和复制新建方法同前。

点击 图标，选择路线（可从图面或弹出的列表中选择）后，弹出"边坡计划"窗口，见图 2.4.24，而后添加桩号范围并设置其对应的放坡方案，点击"确定"，即可完成放坡。边坡计划窗口功能及操作方法如下：

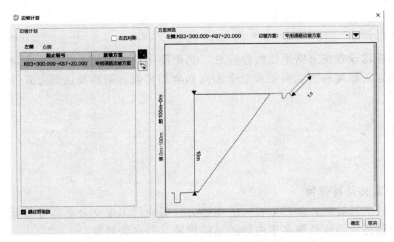

图 2.4.24 "边坡计划"窗口

（1）：拾取并添加桩号段。

（2）：移除桩号段。

（3）左右对称：使道路左侧和道路右侧放坡方案一致。

（4）跳过桥梁段：桥梁段不放坡。

（5）起止桩号：放坡的桩号范围。

（6）放坡方案：不同桩号段对应的放坡方案。

（7）边坡方案：可预选放坡方案类型，进行预览。

（8）▼：编辑或复制边坡方案。

任务总结 ◂

边坡的创建类似于道路板块的创建，创建前首先需要查看系统有无用户所需的边坡方案，如无，则首先需要添加相应的边坡方案，然后分路段、路侧给道路进行放坡即可。

任务三　创建超高和加宽段

任务引入 ◂

道路板块及边坡创建完成后，还需要在道路平曲线处创建超高和加宽才能完成完整的道路横断面创建。"专用道路"的超高绕中央绿化带分隔带两边旋转完成，见图2.4.25。请为"专用道路"创建超高和加宽。

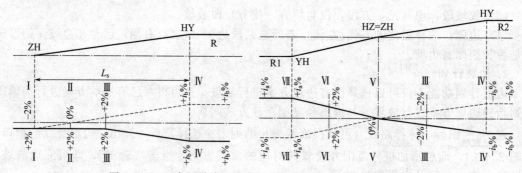

图 2.4.25　"专用道路"基本形曲线和S形曲线超高过渡方式

任务分析 ◂

超高和加宽均设置在道路平曲线位置处，当道路平曲线半径小于规范规定的值时，需要设置超高和加宽。超高和加宽需要考虑全超高和全加宽值、超高和加宽方式及超高和加宽过渡段等问题。

知识储备 ◂

一、超高

1. 超高的定义及其作用

车辆在曲线上行驶时，会产生较大的离心力，影响行车安全及乘客舒适度。为抵消这种离心力，需要将路面做成外侧高于内侧的单向横坡，其称为超高。

车辆按设计车速行驶时，从直线段经过缓和曲线到达圆曲线稳定转弯，其离心力是从无到有逐渐增大的，直到圆曲线上保持恒定不变。因此，超高坡度在圆曲线上是一个固定值，称为全超高。在缓和曲线上，其超高应该逐渐过渡变化，由直线上的双向横坡渐变到圆曲线上的全超高。超高过渡变化的路段，称作超高缓和段或超高过渡段。低等级道路没有缓和曲线时，也应设置超高过渡段，以确保行车稳定性及舒适性。

2. 公路超高规范规定

《公路路线设计规范》(JTG D20—2017)对公路圆曲线超高规定如下：

(1) 圆曲线半径小于表2.2.2规定的不设超高圆曲线最小半径时，应在曲线上设置超高。并且各级公路圆曲线最大超高值应符合表2.4.5的规定，最小超高值应与该公路直线部分的正常路拱横坡度一致。

表2.4.5 各级公路圆曲线最大超高值

地区	高速公路、一级公路	二级公路、三级公路、四级公路
一般地区/%	8 或 10	8
积雪冰冻地区/%	6	
城镇区域/%	4	

(2) 二级公路、三级公路、四级公路接近城镇且混合交通量较大的路段，车速受到限制时，其最大超高值可按表2.4.6采用。

表2.4.6 车速受限制时最大超高值

设计速度/(km/h)	80	60	40	30	20
超高值/%	6	4	2		

(3) 各圆曲线半径所设置的超高值应根据设计速度、圆曲线半径、公路条件、自然条件等经计算确定，必要时应按运行速度验算。

(4) 当路拱横坡度发生变化时，必须设置超高过渡段。其超高渐变率应根据旋转轴的位置按表2.4.7确定。

表2.4.7 超高渐变率

设计速度/(km/h)	超高旋转轴位置	
	中线	边线
120	1/250	1/200
100	1/225	1/175
80	1/200	1/150
60	1/175	1/125
40	1/150	1/100
30	1/125	1/75
20	1/100	1/50

(5) 超高过渡方式：对于无中间带的公路，当超高横坡度等于路拱坡度时，将外侧车道绕路中线旋转，直至超高横坡度；当超高横坡度大于路拱坡度时，应采用绕内侧车道边缘旋转、绕路中线旋转或绕外侧车道边缘旋转的方式。对于有中间带的公路，应采用绕中间带的中心线旋转、绕中央分隔带边缘旋转或分别绕行车道中线旋转的方式。

(6) 采用分离式路基横断面的公路，其超高过渡方式宜按无中间带公路予以过渡。

（7）超高过渡宜在回旋线全长范围内进行。当回旋线较长时，其超高过渡段应设在回旋线的某一区段范围内，超高过渡段的纵向渐变率不得小于1/330，全超高断面宜设在缓圆点或圆缓点处。

（8）超高过渡宜采用线性过渡方式。

（9）高速公路、一级公路整体式路基的纵坡较大处，其上、下行车道可采用不同的超高值。

3. 城市道路超高规范规定

《城市道路工程设计规范》（CJJ 37—2012）规定：

（1）当圆曲线半径小于表2.2.3中的不设超高最小半径时，在圆曲线范围内应设超高。

（2）最大超高横坡度应符合表2.4.8的规定。

（3）当由直线段的正常路拱断面过渡到圆曲线上的超高断面时，必须设置超高缓和段。

表2.4.8　最大超高横坡度

设计车速/(km/h)	100,80	60,50	40,30,20
最大超高横坡/%	6	4	2

二、加宽

1. 加宽的定义及其作用

车辆在曲线上行驶时，后轮轨迹会向道路内侧偏移，特别是内后轮会偏出前轮轨迹线，额外占用行车道宽度。因此，道路曲线路段应进行加宽，以确保车辆行驶安全。

曲线半径越小，加宽值越大。因此，车辆在曲线段行驶时，额外占用宽度由直线段到圆曲线段逐渐增大。在圆曲线上，加宽值达到最大，并保持不变，称为全加宽。

由直线段的正常宽度到圆曲线的全加宽，须设置加宽缓和段进行过渡。过渡方式一般有直线过渡、抛物线过渡、回旋线过渡等。

2. 公路加宽规范规定

《公路路线设计规范》（JTG D20—2017）规定：

（1）二级公路、三级公路、四级公路的圆曲线半径小于或等于250m时，应设置加宽。双车道公路路面加宽值应符合表2.4.9的规定，圆曲线加宽值应根据公路功能、技术等级和实际交通组成确定，并应符合以下规定。

① 作为干线的二级公路，应采用第3类加宽值。

② 作为集散的二级公路和三级公路，在考虑铰接列车通行时，应采用第3类加宽值；不考虑通行铰接列车时，可采用第2类加宽值。

③ 作为支线的三级公路、四级公路可采用第1类加宽值。

④ 有特殊车辆通行的专用公路应根据特殊车辆验算确定其加宽值。

表2.4.9　双车道公路路面加宽值

加宽类别	设计车辆	圆曲线半径/m								
		200～250	150～200	100～150	70～100	50～70	30～50	25～30	20～25	15～20
第1类	小客车	0.4	0.5	0.6	0.7	0.9	1.3	1.5	1.8	2.2
第2类	载重汽车	0.6	0.7	0.9	1.2	1.5	2.0	—	—	—
第3类	铰接列车	0.8	1.0	1.5	2.0	2.7	—	—	—	—

注：单车道公路路面加宽值应为表列规定值的一半。

（2）圆曲线上的路面加宽应设置在圆曲线的内侧。各级公路的路面加宽后，路基也应相应加宽。

（3）双车道公路在采取强制性措施实行分向行驶的路段，其圆曲线半径较小时，内侧车道的加宽值应大于外侧车道的加宽值，设计时应通过计算分别确定。

（4）加宽过渡段设置应符合下列规定：

① 设置回旋线或超高过渡段时，加宽过渡段长度应采用与回旋线或超高过渡段长度相同的数值。

② 不设回旋线或超高过渡段时，加宽过渡段长度应按渐变率为 1：15 且长度不小于10m 的要求设置。

（5）二级公路、三级公路、四级公路的加宽过渡应在加宽过渡段全长范围内，按其长度成比例增加的方式设置。

3. 城市道路加宽规范规定

《城市道路工程设计规范》（CJJ 37—2012）规定，当圆曲线半径小于或等于 250m 时，应在圆曲线内侧加宽，并应设置加宽缓和段。

任务实施 ◂

一、创建超高

点击道路菜单下 图标，即可启动超高加宽命令。根据命令提示，选择路线后，弹出超高加宽窗口。窗口有"超高"和"加宽"两个选项卡，默认处于"超高"选项卡界面，见图 2.4.26。超高界面功能及操作方法如下：

1. "超高方式"下拉框

指定超高旋转轴的位置，可以是"道路中线"、"车道内侧边缘"（无中间带）、"车道外侧边缘"（无中间带）、"中央分隔带边缘"（有中间带）、"各自行车道中线"（有中间带）。

2. "设计速度查找方法"下拉框

规范定义速度中没有路线设计速度时，用户可以选择一种方式进行超高处理。处理方式包括"内插速度""使用最接近的最高速度""使用最接近的最低速度"和"使用最接近的速度"几项。使用"内插速度"时，对最接近的最低速度和最高速度对应的超高值进行内插。

3. "超高区域"列表

图 2.4.26　"超高"选项卡界面

"超高区域"列表窗口列出了当前道路的所有转弯区域，见图 2.4.27。格式为"弯道〈编号〉-【〈〈前缓和曲线起始桩号〉）〈圆曲线起始桩号〈～〉圆曲线终止桩号〉（〈后缓和曲线终止桩号〉）；〈设计时速〉；R＝〈圆曲线半径〉；'左转'或'右转'；'需要超高'或'无需超高'】"。其中"需要超高"或"无需超高"依据圆曲线半径是否小于规范规定的不设超高最小半径来确定。

自定义超高区域显示格式为"弯道〈编号〉-【〈全超高区域起始桩号〉～〈全超高区域终止桩号〉；〈设计时速〉】"。

图 2.4.27　"超高区域"列表窗口

"添加超高区域"按钮：添加用户自定义超高区域，指定全超高段的起止桩号。平台只能识别出"缓圆缓"或"直圆直"段的超高区域，对于卵形曲线等需要设置超高的区域只能由用户手动添加。用户自定义超高区域不支持自动超高计算，只能手动填写超高数据。

"删除超高区域"按钮：删除当前选中的超高区域和超高数据。

4. "超高数据"列表

"超高数据"列表列出了当前超高区域的超高数据，按"桩号"排序显示，可以多选，见图 2.4.28。列表的前两列固定为"桩号""描述"，后面的列根据该超高区域处的断面定义生成，从左到右列出"慢车道""行车道""硬路肩""土路肩"等板块。

点击"桩号"列，显示一个带按钮的在位编辑框，可以直接输入桩号，也可以点击按钮，从图面选择桩号。列表按桩号排序，修改桩号后会自动重新排序。

"描述"列用于描述本桩情况，起到助记的作用。"描述"列采用在位编辑下拉列表实现，固化内容为"超高开始""水平临界""单向临界""全超高开始""全超高结束""超高结束"，也可以由用户手动输入。

各板块的横坡是百分数，可以在位编辑。横坡值以道路中心线为基准，外侧比内侧低为正，外侧比内侧高为负。

"添加超高桩号"按钮：点击后在超高数据列表中添加一行。

"删除超高桩号"按钮：点击后在超高数据列表中删除当前选中的行。

"计算"按钮：点击后弹出"超高计算"窗口，对当前选中的超高区域进行超高计算，见图 2.4.29。

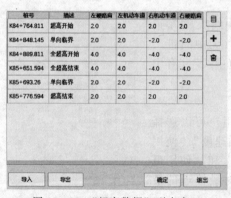

图 2.4.28 "超高数据"列表窗口

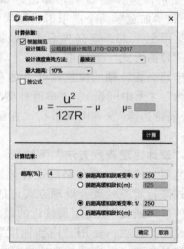

图 2.4.29 "超高计算"窗口

二、创建加宽

支持多车道加宽，当行车道板块间存在分隔带（包括中央分隔带，或主次车道之间的分隔带）时，可以针对每个板块加宽。加宽方向可为曲线内侧或向两侧加宽。加宽缓和段支持直线比例法和高次抛物线法。

点击如图 2.4.26 所示的超高加宽窗口的"加宽"选项卡，即可切换至"加宽"选项卡界面，见图 2.4.30。加宽界面功能及操作方法如下：

1. "加宽方式"下拉框

指定加宽过渡方式，包括：直线比例法、三次抛物线法、四次抛物线法。

2. "类别"下拉框

指定加宽类别，包括：小客车、普通汽车、铰接车。

3. "加宽方向"下拉框

指定加宽方向，包括：向弯道内侧加宽、向弯道两侧加宽。

4. "整路计算"按钮

根据规范计算全部加宽区域的加宽数据（用户自定义加宽区域除外）。弹出"加宽数据"对话框。

5. "规范无对应值时，按输入值"选项

如果选中此选项，若规范中查不到某弯道的加宽值（在规范中的半径范围之外），则采用此处的输入值。

6. "加宽缓和段长"功能组

等超高缓和段："加宽缓和段"和"超高缓和段"长度和位置相同。

同缓和曲线：使用前后缓和曲线当作加宽缓和段。

指定值：指定加宽缓和段的长度。

7. 弯道列表

"弯道列表"列出所有加宽区域，见图 2.4.31，名称格式为"弯道〈编号〉-【〈圆曲线起始桩号〉～〈圆曲线结束桩号〉；R=〈圆曲线半径〉；'左转'或'右转'；'需要加宽'或'无需加宽'】"。自定义加宽区域的名称格式为"弯道〈编号〉-【〈全加宽段起始桩号〉～〈全加宽段结束桩号〉；'左转'或'右转'】"。

图 2.4.30　"加宽"选项卡界面

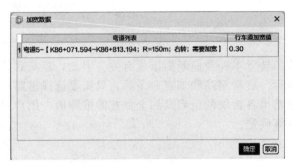

图 2.4.31　弯道列表

"添加加宽区域"按钮：添加用户自定义加宽区域，指定全加宽段的起止桩号，以及左转还是右转。平台只能识别出"缓圆缓"或"直圆直"段的加宽区域，对于卵形曲线等可能需要加宽的区域只能由用户手动添加。用户自定义加宽区域不支持自动加宽计算，只能手动填写加宽数据。

"删除加宽区域"按钮：删除当前选中的加宽区域。

8. "加宽数据"列表

"加宽数据"列表，包括"桩号""描述"列以及各板块列，见图 2.4.32。

"桩号"列，为带按钮的在位编辑栏，点击时编辑桩号，可在图面拾取桩号。数据按桩号排序，修改桩号后自动重新排序。

"描述"列用于描述本桩情况，起到助记的作用。"描述"列采用在位编辑下拉列表实现，固化内容为"加宽开始""全加宽开始""全加宽结束""加宽结束"，也可以由用户手动输入。

各板块列，名称由板块确定，单击时编辑板块宽度值。

"计算"按钮：针对当前加宽区域进行计算，弹出"加宽数据"对话框。

"添加加宽数据"按钮：在加宽数据列表中添加一行数据。

"删除加宽数据"按钮：删除加宽数据列表中当前选择项。

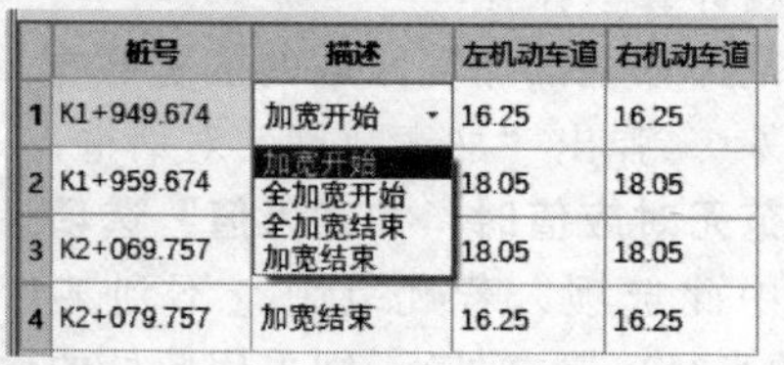

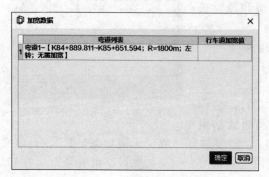

图 2.4.32　加宽数据列表

图 2.4.33　"加宽数据"对话框

9. "加宽数据"对话框

可以计算或指定加宽值。计算全部区域时，显示所有行车道的数据；计算单个弯道时，显示该单个弯道的数据。根据规范判断是否需要加宽。需要加宽时，默认取规范中的加宽值；不需要加宽时，可单独指定加宽值，不输入时为不加宽，见图 2.4.33。

弯道列表：显示弯道序号、桩号范围、圆曲线半径、左（右）转，以及根据规范是否需要加宽。

行车道加宽值：输入行车道的加宽值。

任务总结 ◂

超高和加宽与道路的转弯半径及横断面组成有关。因此，超高和加宽必须在平面线形及横断板块创建完成后进行。启动超高和加宽命令后，只需要选择道路中心线，平台会自动分析平曲线，并根据规范给出各板块的全超高和全加宽的推荐值。用户可以接受，也可以根据平台给出的计算公式计算确定。

拓展思考 ◂

道路横断面组成及几何尺寸，不但影响道路的美观，更是与行车安全紧密相关。其在保证安全够用的前提下，能省则省。例如，就单个行车道宽度而言，我国各级公路、城市道路、高速公路应急车道及出入口匝道、停车场等各不相同。请思考：我国不同道路上的单个行车道的宽度除了考虑基本车型的平均宽度外，还考虑了哪些方面的安全因素？

模块练习 ◂

一、填空题

（1）我国单幅公路路幅一般包括_____和_____。

（2）路肩分为_____和_____。

（3）我国高速公路、一级公路整体式路基的中间带包括_____和_____两部分。

（4）我国高速公路单个行车道宽度一般是_____ m。

（5）数维道路设计平台中，道路板块方案分为_____、_____、_____

和_____。

（6）添加或删除板块组件需要在_____中操作。

（7）对于有中间带的公路，超高旋转有_____、_____和_____等三种方式。

（8）圆曲线上的路面加宽应设置在圆曲线的_____侧。

二、判断题（正确的打"√"，错误的打"×"）

（1）中央分隔带一定是绿化带。（　　　）

（2）无缓和曲线的平曲线设置超高时也必须设置超高缓和段。（　　　）

（3）硬路肩的横坡与行车道相同。（　　　）

三、简答题

（1）公路路幅组成与城市道路有何不同？

（2）公路路基排水系统一般包括哪些？

四、建模题

"练习道路"的横断面如图 2.4.34 所示（未给出的尺寸，请在合理范围内自行拟定），请创建"练习道路"的道路板块方案，并结合前面"练习道路"的平面和纵断面完成"练习道路"模型的创建。

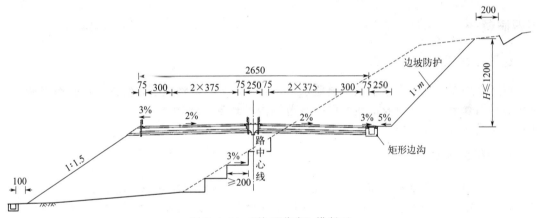

图 2.4.34　"练习道路"横断面

项目五　成果输出

【学习目标】

知识目标

（1）了解数维道路设计软件成果输出内容；

（2）熟练掌握数维道路设计软件成果输出流程。

能力目标

（1）能够掌握软件道路施工图纸输出功能；

（2）能够掌握软件道路模型输出功能。

素养目标

（1）培养设计建模出图思维能力；

（2）培养理论结合实践的应用能力；

（3）提升国产化软件应用能力。

任务一　输出道路平纵横图纸

任务引入 ◀

经过前面项目的学习，已经掌握了道路模型创建的操作和流程，那么接下来就要进行施工图纸的输出。在数维道路设计软件中，可以通过前期所建的道路模型，直接输出道路平纵横施工图纸，实现正向设计，保证图模一致。

任务分析 ◀

施工图纸输出是设计过程中非常重要的一个环节，它是对工程设立理念、思路、方法、过程以及结果进行详细描述，同时把设计成果以具体的图像展示出来的过程。业主借助图纸就能对工程设计成果有一个大致直观的印象，初步了解设计意图和设计重点是否与预设效果一致。以施工图纸为交流媒介能增强与设计和施工单位沟通交流的效果，施工图纸是施工单位施工的标准和依据。道路施工图设计最终以平面图、纵断面图和横断面图来表达道路的空间位置、线形和尺寸。

知识储备 ◀

一、道路平面图

道路平面图：在地形图上画出道路水平投影，代表着道路的平面位置。它的作用是表达路线的平面线形、方向以及沿线两侧一定范围内的地形、地物情况。主要内容包括：地形、地物、路线、等高线、曲线表。

二、道路纵断面图

道路纵断面图：沿着道路中心线用垂直剖面剖开画出的断面图，代表着道路的竖高位置。它的作用主要是表达道路中心纵向线形及地面起伏、地质和沿线设置构造物的概况。

三、道路横断面图

道路横断面图：在设计道路适当位置上沿垂直路线方向截断画出的断面图，代表着道路横断面的设计情况。道路横断面图设计的主要内容是合理地确定各组成部分的几何尺寸及其相互布置关系，包括路拱坡度及路拱曲线的确定。横断面图包括标准横断面图和土方横断面图两大类。标准横断面图包括城市规划红线间的道路总宽度，涵盖车行道、人行道、绿化带、分车带等组成部分的位置及尺寸，以及地面上下管线位置和间距等。土方横断面图是由各桩号横断面图的顶面轮廓线与地面线按照纵断面设计的高程关系组合在一起得到的横断面图，用于计算道路土方工程量。

图 2.5.1　"数维道路施工图设计"模块

任务实施 ◀

点击菜单栏最左侧图标，切换到"数维道路施工图设计"模块，见图 2.5.1。点击"出图"菜单，即可进入施工图纸输出工具栏。其中包含了图框设置、平面分图、纵断分图、横断出图、成果表绘制等功能。

一、道路平面图

点击 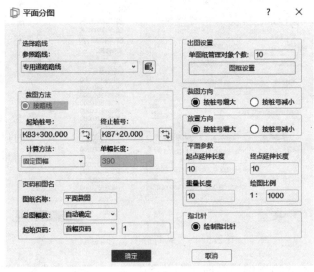 命令，弹出"平面分图"对话框，见图2.5.2。

图2.5.2　"平面分图"对话框

在此对话框中，选择需要出图的参照路线，设置起终点桩号，确定页码和图名，选择图框样式，确定裁图方向和放置方向，输入平面参数等内容，点击"确定"按钮，完成平面分图，成果如图2.5.3所示。

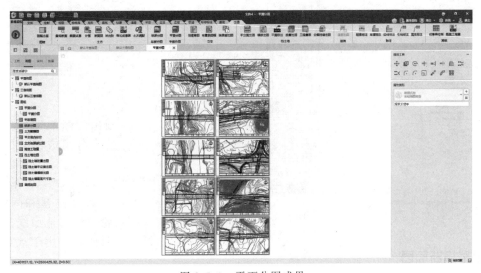

图2.5.3　平面分图成果

二、道路纵断面图

点击 命令，图面选择路线，确定起终点桩号，弹出"纵断分图"对话框，如图2.5.4所示。

图 2.5.4 "纵断分图"对话框

在此对话框中，输入出图的横纵向比例及图框样式，确定表头栏内容及图幅列表，选择出图样式及桩号列表，点击"生成纵断分图"按钮，完成纵断分图，成果如图 2.5.5 所示。

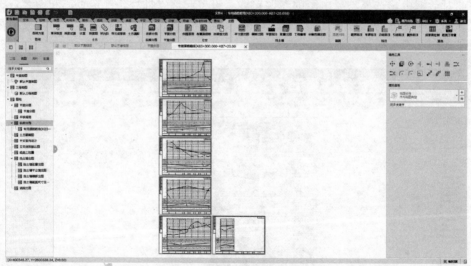

图 2.5.5 纵断分图成果

三、道路横断面图

点击 ![计算] 命令，图面选择道路或路线，弹出"土方计算-专用道路路线"对话框，如图 2.5.6 所示。

在此对话框中，选择需要计算的道路桩号范围和对应桩号，设置计算规则，点击"计算"按钮，生成土方计算结果文件，如图 2.5.7 所示。

继续点击"绘制"按钮，弹出"绘制土方断面图"对话框，如图 2.5.8 所示。

图 2.5.6　"土方计算-专用道路路线"对话框

图 2.5.7　生成土方计算结果文件

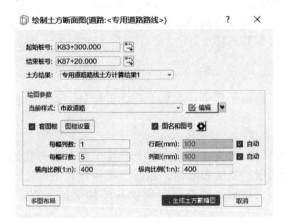

图 2.5.8　"绘制土方断面图"对话框

在此对话框中选择需要输出的道路桩号范围，选择土方计算结果文件，确定绘图样式及绘图参数，点击"生成土方戴帽图"按钮，完成土方横断计算绘图，如图 2.5.9 所示。

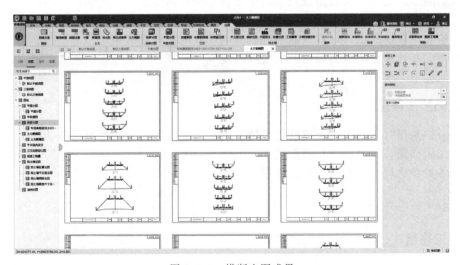

图 2.5.9　横断出图成果

任务总结 ◂

通过以上几个功能，掌握了在数维道路设计软件中通过模型输出道路平面图、纵断面图、横断面图的方法和流程。

任务二　输出道路工程量

任务引入 ◂

完整的道路施工图除了包括以上图纸之外，还应该包括道路的工程量表。在数维道路设计软件中，可以通过前期所建的道路模型，直接输出道路工程量表，实现精确算量，保证模型和工程量一致。

任务分析 ◂

道路工程量计算是编制道路工程量清单的基础工作，是施工工程报价的重要组成部分。工程量计算得准确与否，将直接影响到工程的预算造价。所以在道路设计过程中，工程量表的计算和输出是一个非常重要的环节。

知识储备 ◂

道路工程量主要包括路面工程量、路基土石方工程量、边坡防护工程量等。

一、路面工程量

路面是指用各种筑路材料铺筑在道路路基上直接承受车辆荷载的层状构造物，按其所处的层位和作用，主要有面层、基层和垫层。路面工程量计算主要包含道路机动车道、非机动车道、人行道、绿化带、土路肩、硬路肩等板块各结构层的面积，同时还应包含缘石的长度等。

二、路基土石方工程量

路基土石方工程量是道路工程的一项主要工程量，在公路设计和路线方案比较中，路基土石方数量的多少是评价公路测设质量的主要技术经济指标之一。在编制公路施工组织计划和工程概预算时，还需要确定分段和全线路基土石方数量。地面形状是很复杂的，填、挖方不是简单的几何体，所以其计算只能是近似的，计算的精确度取决于中桩间距、测绘横断面时采点的密度和计算公式与实际情况的接近程度等。计算时一般应按工程的要求，在保证使用精度的前提下力求简化。

三、边坡防护工程量

边坡防护是指对于路面边坡或坡地环境，为防地面水的径流对边坡的侵蚀作用，需要对边坡采取加固措施，加固措施有碎石护坡、挡土墙护坡，以及种植植物护坡等。边坡防护工程量就是各类型边坡防护措施的工程数量。

任务实施 ◂

一、路面工程量

进入"出图"菜单，点击 命令，图面选择道路或路线，弹出"路面工程量"对话框，如图 2.5.10 所示。

在此对话框中，选择出图的方式，设置交叉口的计算原则，软件自动根据模型生成相应的工程数量，支持手动编辑和修改，点击“确定”按钮，完成路面工程数量表的输出，成果如图 2.5.11 所示。

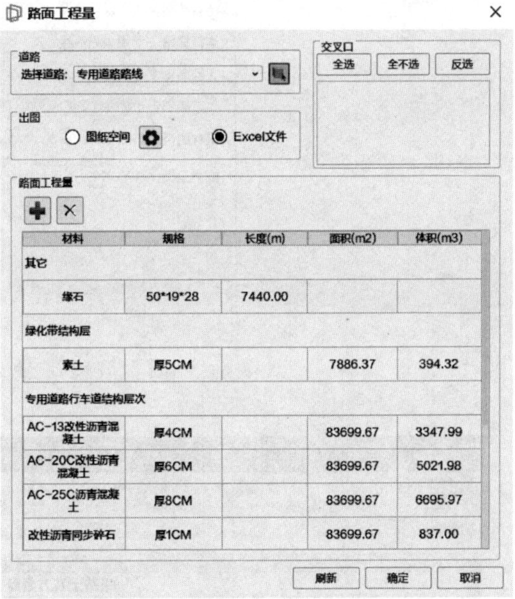

图 2.5.10 “路面工程量”对话框

二、路基土石方工程量

在“横断出图”工具栏中，点击导出成果表命令，弹出“导出成果表”对话框，如图 2.5.12 所示。

在此对话框中，选择横断土方计算的结果，选择导出表格的保存路径，确定输出的桩号范围，点击“导出”按钮，完成路基土石方数量计算表的输出，成果如图 2.5.13 所示。

三、边坡防护工程量

点击成果表绘制命令，弹出“绘制成果表”对话框，如图 2.5.14 所示。

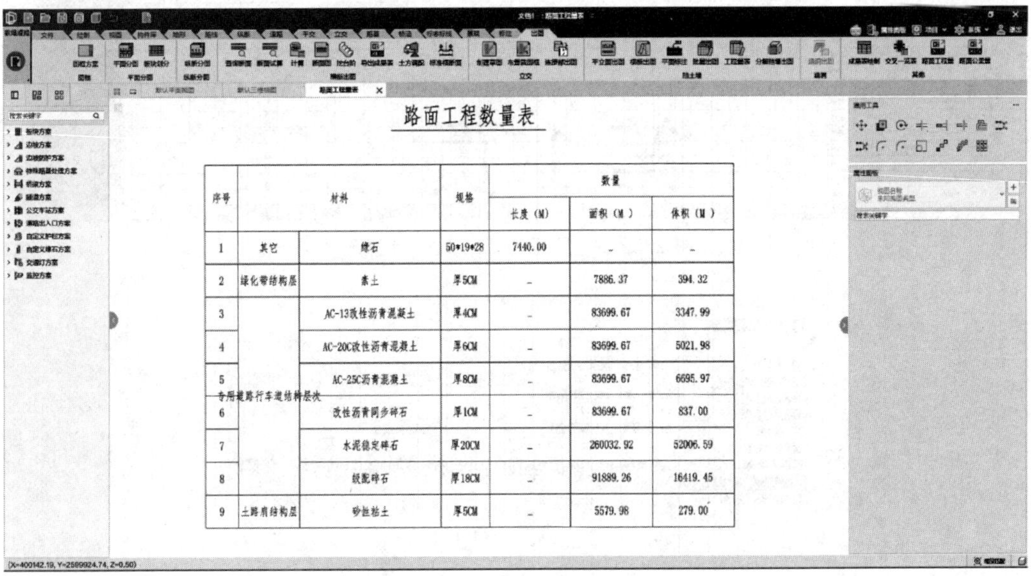

路面工程数量表

序号	材料		规格	数量		
				长度（M）	面积（M）	体积（M）
1	其它	缘石	50*19*28	7440.00	-	-
2	绿化带结构层	素土	厚5CM	-	7886.37	394.32
3	专用道路行车道结构层次	AC-13改性沥青混凝土	厚4CM	-	83699.67	3347.99
4		AC-20C改性沥青混凝土	厚6CM	-	83699.67	5021.98
5		AC-25C沥青混凝土	厚8CM	-	83699.67	6695.97
6		改性沥青同步碎石	厚1CM	-	83699.67	837.00
7		水泥稳定碎石	厚20CM	-	260032.92	52006.59
8		级配碎石	厚18CM	-	91889.26	16419.45
9	土路肩结构层	砂性粘土	厚5CM	-	5579.98	279.00

图 2.5.11 路面工程数量表

在此对话框中，选择“边坡防护工程量表”，确定出表方式和桩号范围，选择导出表格的保存路径，点击“确定”按钮，完成边坡防护工程量表的输出，成果如图 2.5.15 所示。

任务总结

通过以上几个功能，掌握了在数维道路设计软件中通过模型输出路面工程量表、路基土石方工程量表、边坡防护工程量表的方法和流程。

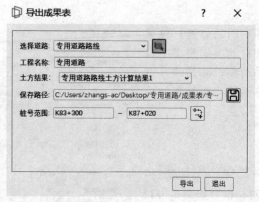

图 2.5.12 "导出成果表"对话框

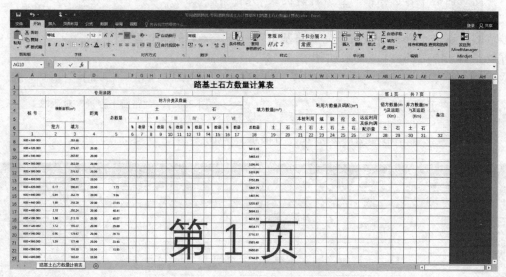

图 2.5.13 路基土石方数量计算表

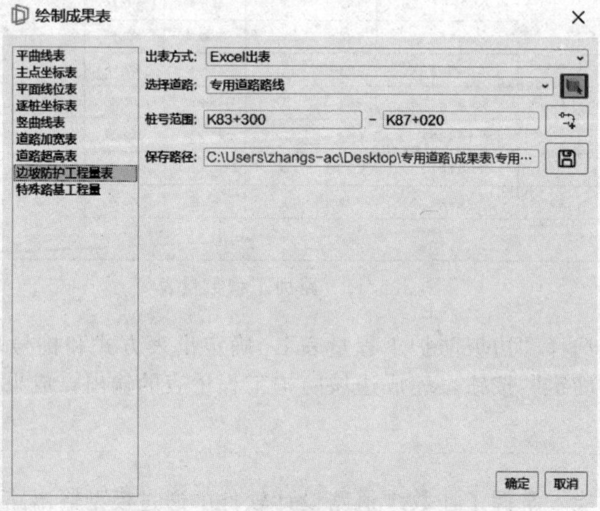

图 2.5.14 "绘制成果表"对话框

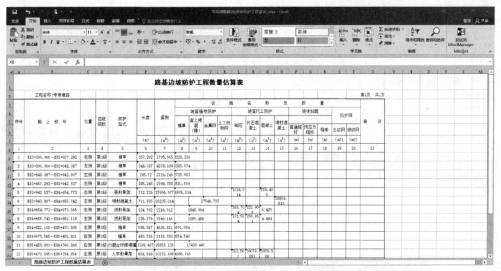

图 2.5.15　边坡防护工程量表

任务三　输出模型

任务引入 ◄

通过以上两个任务，学习了道路施工图纸输出的方法和流程。在数维道路设计软件中，除了输出图纸和工程量表等成果之外，还可以输出多种格式的三维模型。

任务分析 ◄

随着道桥 BIM 技术的发展和应用，越来越多的业主和项目已不满足于二维的施工图纸交付，还需要基于三维模型的属性信息进行同步交付，从而实现整个工程项目的数字化运用。在设计阶段，设计成果可以输出多种三维模型格式，以供不同的业务场景和阶段使用，满足工程项目模型交付要求。

任务实施 ◄

一、输出 IFC

在工程项目中，当需要多个软件协同完成任务时，不同系统之间就会出现数据交换和共享的需求。这时，工程人员都希望能将工作成果从一个软件完整地导入到另外一个软件中，这个过程可能反复出现。如果涉及的软件系统很多，这将是一个很复杂的技术问题。如果能有一个标准、公开的数据表达和存储方法，每个软件都能导入、导出这种格式的工程数据，问题将大大简化，而 IFC 就是这种标准、公开的数据表达和存储方法。IFC 格式可以打破各软件数据不兼容的难题，大多数工程类软件都能导入、导出这种格式的工程数据。也就是说大多数工程类软件都可以以 IFC 作为数据交换的中介和中转站完成数据的无障碍的流通和链接，从而实现最大程度的数据共享，避免重复劳动，减少社会成本。数维道路设计软件可将道路和桥梁模型以IFC 格式导出，包含模型几何信息和属性信息，满足不同阶段的交付要求。

打开软件及工程文件，将模型绘制在视图中，切换到三维视图，进入"文件"菜单，点击 命令，弹出"导出 IFC"对话框，如图 2.5.16 所示。

图 2.5.16 "导出 IFC"对话框

在此对话框中，选择文件保存路径，设置是否导出材质，确定项目基点坐标及其他相关参数，点击"确定"按钮，完成 IFC 格式的输出，成果如图 2.5.17 所示。

二、导出模型

除了 IFC 格式之外，数维道路设计软件还可以导出 FBX、glTF、OBJ、IGMS（广联达数字项目平台文件）、HIM（鸿城轻量化文件）等格式。

打开软件及工程文件，将模型绘制在视图中，切换到三维视图，进入"文件"菜单，点击 命令，弹出"选择导出文件类型"对话框，如图 2.5.18 所示。

图 2.5.17 导出 IFC 格式成果

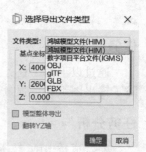

图 2.5.18 "选择导出文件类型"对话框

在此对话框中，下拉菜单中选择导出文件类型，设置模型基点坐标，点击"确定"按钮，确定文件保存路径，完成模型导出。

导出的模型可以供不同的业务场景和阶段使用，如：模型渲染、输出效果图和视频；轻量化合模展示、施工阶段应用等。模型渲染阶段应用效果如图 2.5.19 所示。

图 2.5.19 模型渲染阶段应用效果

任务总结 ◄

通过以上两个任务，掌握了在数维道路设计软件中输出各种模型格式的方法和流程，以供不同的业务场景和阶段使用，满足工程项目模型交付要求。

拓展思考 ◄

不管是二维图纸，还是三维模型，都是设计成果的重要组成部分。随着 BIM 技术的发展，人们越来越看重模型成果的输出，但是不要忘了，BIM 技术的一个核心特点就是可出图性。BIM 不仅能绘制常规的设计图纸，还能通过对工程进行可视化展示、协调、模拟、优化，出具各专业图纸并深化图纸，使工程表达更加详细。所以，二维图纸和三维模型是相辅相成、缺一不可的存在。只有实现二三维一体化设计，才能真正实现图模一体化交付。

模块练习 ◄

打开"专用道路"工程，切换到施工图模块，完成以下任务。

（1）完成工程中"专用道路"的平纵横图纸输出；

（2）完成工程中"专用道路"的工程量统计及输出；

（3）完成工程中"专用道路"三维模型格式输出。

桥梁建模

项目一　创建梁桥

【学习目标】

知识目标

（1）熟悉梁桥分类与构造；

（2）理解数维道路设计软件的操作逻辑。

能力目标

（1）能够创建梁桥模型；

（2）能够优化梁桥模型。

素养目标

（1）培养建模思维；

（2）培养理论结合实践的应用能力；

（3）提升相应的职业技能技术及工程项目管理能力。

任务一　识读梁桥构造

任务引入 ◂

图 3.1.1 为一梁桥构造图，请回答该梁桥的组成部分。

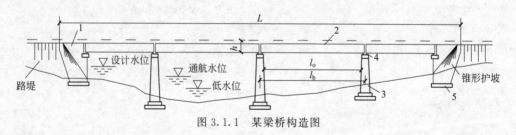

图 3.1.1　某梁桥构造图

任务分析 ◂

识读梁桥构造是完成梁桥设计、构建梁桥模型、完成梁桥施工的前提，为了能够识读梁桥构造，需要了解和掌握梁桥的基本组成及分类。

知识储备 ◂

梁桥是公路上最常见的一种桥型，其主要承重构件是梁（板），在竖向荷载作用下无水平反力，桥跨结构主要承受弯矩作用，墩台和基础承受竖向力作用。由于荷载的作用方向与承重结构的轴线方向接近垂直，因此梁桥内会产生较大的弯矩，通常用抗弯、抗拉能力强的材料建造。对于中小跨径桥梁，尤其是标准跨径为 13～25m 的桥梁，常采用钢筋混凝土简支梁桥。当跨径较大时，特别是 30～50m 跨径的梁桥，往往采用预应力混凝土结构。对于很大跨径的桥梁可以采用预应力混凝土连续梁桥。

经过多年学习、借鉴和创新，我国公路桥梁建设已基本实现标准化设计、工业化制造、装配化施工、信息化控制，桥梁耐久性和使用寿命普遍提升。瞄准安全、智慧、绿色的发展目标，桥梁强国建设正加快推进。

一、梁桥的基本组成

梁桥由上部结构（桥跨结构）、下部结构、支座和附属设施四部分组成，见图3.1.2。

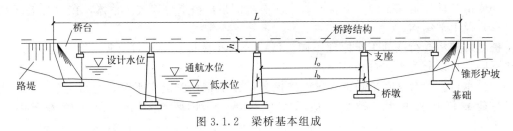

图 3.1.2　梁桥基本组成

上部结构也称桥跨结构，它是路线遇到障碍中断时跨越障碍的主要承重结构。它的作用是承受车辆荷载，并通过支座传递给桥梁墩台。

下部结构是指位于支座以下的部分，也称支撑结构，包括桥墩、桥台及基础。桥墩和桥台是支撑上部结构并将其传来的荷载传至基础的结构物；桥台又是桥梁与路堤衔接的结构物，其两侧一般做成填土或填石锥体并在表面加以铺砌，用来保证桥台与路堤很好地衔接，并保证桥头路堤的稳定。基础是墩台底部的部分，在最底下，通常埋于土下，将上面的荷载传到大地，是保证结构安全的关键。

支座设在墩台顶，它的作用是支撑上部结构并传递荷载给桥梁墩台，它能保证上部结构在荷载、温度变化或其他作用下的位移功能。

附属设施包括桥面系、伸缩缝、桥头搭板和锥坡等。附属设施的主要作用是提高桥梁的服务功能。

二、梁桥的分类

梁桥的分类有多种方式，不同的分类方式体现出梁桥某一方面的特征。梁桥分类见图3.1.3。

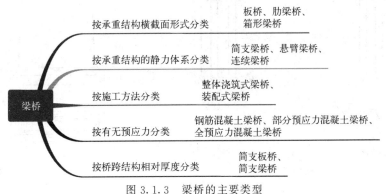

图 3.1.3　梁桥的主要类型

三、下部结构构造

1. 梁桥基础

（1）明挖基础。明挖基础是将基础设在直接承受荷载的地基上，来自上部结构的荷载通过基础直接传递给地基。为了适应地基承载力，一般将其分层设置，逐层扩大，所以也称扩大基础。它主要适用于浅层地基的承载力较大、地质条件比较好的工程。

（2）桩基础。桩基础是一种历史悠久又广泛应用的深基础形式，其作用是将桩顶承受的荷载传递给地基。

桩基础分为单根桩、单排桩和多排桩。当桩身露在地面上的部分较高时，桩间以横系梁相连，以加强各桩的横向联系。多数情况下桥梁桩基础是由多根桩组成的群桩基础，桩基础可全部或部分埋入地基土中。群桩基础中所有桩的顶部由承台连成一整体，在承台上再修筑墩（台）及上部结构。

桩基础按承受荷载的工作原理不同，可以分为摩擦桩和端承桩（见图3.1.4）；按施工方法不同，可以分为灌注桩和预制桩。

（3）承台。承台是在桩顶部设置的连接各桩顶的钢筋混凝土平台，起承上启下的作用，把墩身荷载传到桩基上。桥梁一般采用低桩承台，即承台全部或部分埋入土中，见图3.1.4。

2. 梁桥桥墩

桥墩是指多跨桥梁的中间支撑结构物，主要由墩帽、墩身和基础三部分组成。桥墩按其构造可以分为实体桥墩、空心桥墩、柱式桥墩、框架墩和柔性墩；按墩身横截面形状可以分为矩形、圆形、圆端形、尖端形的桥墩和各种空心墩。

（1）实体桥墩。实体桥墩又称重力式桥墩，主要靠自身的重力来平衡外力，从而保证桥墩的强度和稳定性，见图3.1.5。

实体桥墩整体刚度大，抗倾覆性能和承重性能好，主要用在地基良好的中小跨径的桥梁中。其缺点是：圬工体积较大，增加阻水面积；质量大，对地基承载力要求高。为此，宜采用配置有钢筋混凝土悬臂式墩帽的实体墩形式，以减少墩身的平面尺寸。为了节省圬工，也可适当挖空墩身面积。

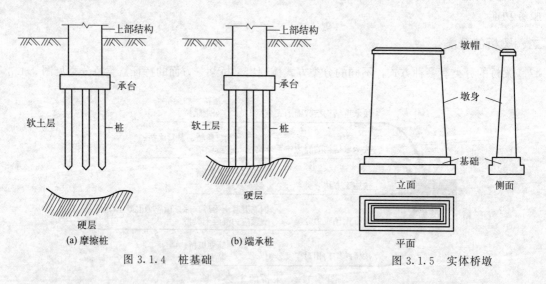

图3.1.4　桩基础　　　　　　　　　　图3.1.5　实体桥墩

（2）空心桥墩。在一些高大的桥墩中，为了减少圬工体积，节约材料，减轻自重，减少软弱地基的负荷，可将墩身内部做成空腔体，即所谓的空心桥墩。这种桥墩在外形上与实体重力式桥墩并无大的差别，只是自重较实体重力式的轻，见图3.1.6。

（3）柱式桥墩。柱式桥墩一般由柱式墩身和盖梁组成，可分为独柱、双柱和多柱等形式（见图3.1.7），它可以根据桥宽的需要以及地物地貌条件任意组合。它的外形美观，圬工体积小，特别适用于桥梁宽度较大的城市桥梁和立交桥，是目前公路桥梁中广泛采用的桥墩形式之一。

（4）框架墩。框架墩是采用由构件组成的平面框架代替墩身，以支承上部结构，必要时可做成双层或更多层的框架支承上部结构；还可以适应建筑艺术，建成纵/横向 V 形、Y 形、X 形、倒梯形等墩身，V 形框架墩见图 3.1.8。这些桥墩在同样跨越能力的情况下可缩短梁的跨径，降低梁高，使结构轻巧美观，但结构构造比较复杂，施工比较麻烦。

（5）柔性墩。柔性墩（见图 3.1.9）由单排或双排的钢筋混凝土桩与钢筋混凝土盖梁连接而成。其主要特点是：可以通过一些构造措施，将上部结构传来的水平力（制动力、温度影响力等）传递到全桥的各个柔性墩台或相邻的刚性墩台上，以减少单个柔性墩所受到的水平力，从而达到减小桩墩截面的目的。

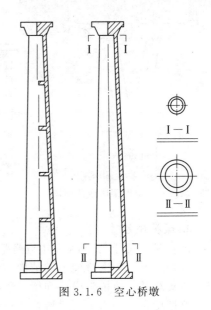

图 3.1.6　空心桥墩

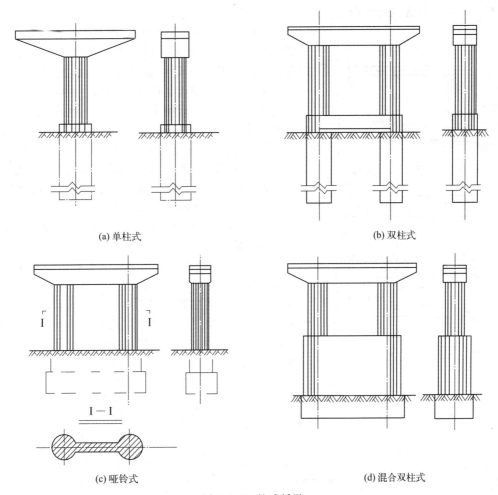

(a) 单柱式

(b) 双柱式

(c) 哑铃式

(d) 混合双柱式

图 3.1.7　柱式桥墩

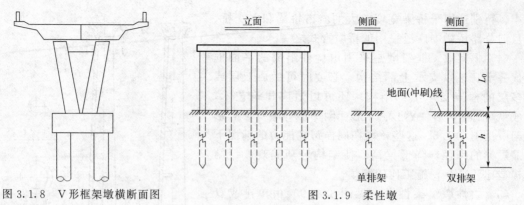

图 3.1.8　Ⅴ形框架墩横断面图

图 3.1.9　柔性墩

3. 梁桥桥台

桥台是指位于桥梁两端并与路基相连接的支承上部结构和承受桥头填土侧压力的构造物。桥台除具有传递桥梁上部结构的荷载到基础的作用外，还具有抵挡桥台后的填土压力、稳定桥头路基、使桥头线路和桥上线路可靠而平稳地连接的作用。

梁桥桥台可分为重力式桥台、轻型桥台、组合式桥台和承拉桥台。重力式桥台的常用形式是 U 形桥台，轻型桥台的常用形式有薄壁轻型桥台、支撑梁轻型桥台和埋置式桥台等几种类型。下面介绍常见的桥台构造。

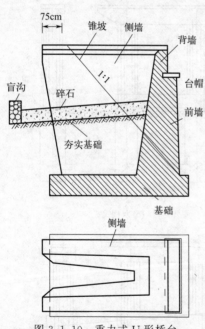

图 3.1.10　重力式 U 形桥台

（1）U 形桥台。U 形桥台由台帽、台身和基础三部分组成，在平面上呈 U 字形，重力式 U 形桥台见图 3.1.10。其优点是构造简单，可以用混凝土或片石、块石砌筑；缺点是桥台体积和自重较大，增加了对地基的要求。它适用于填土高度在 10m 以下或跨度稍大的桥梁。

（2）薄壁轻型桥台。薄壁轻型桥台（见图 3.1.11）常用的形式有悬壁式、扶壁式、撑墙式和箱式等，其主要特点是：利用钢筋混凝土结构的抗弯能力来减少圬工体积，从而使桥台轻型化。相对而言，悬臂式桥台的柔性较大，钢筋用量较大，而撑墙式和箱式桥台刚度大，但模板用量大。

（3）支撑梁轻型桥台。支撑梁轻型桥台的特点是：台身为直立的薄壁墙，台身两侧有翼墙。在两桥台下部设置钢筋混凝土支撑梁，上部结构与桥台通过锚栓连接，于是便构成四铰框架结构系统，并借助两端桥台后的被动土压力来保持稳定。它适用于单跨或少跨的小跨径桥。

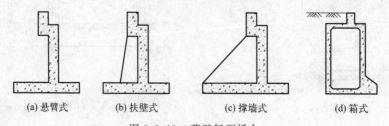

(a) 悬臂式　　　(b) 扶壁式　　　(c) 撑墙式　　　(d) 箱式

图 3.1.11　薄壁轻型桥台

　　按照翼墙（侧墙）的形式和布置方式，这种桥台又可分为一字形轻型桥台、八字形轻型桥台、耳墙式轻型桥台，见图 3.1.12。

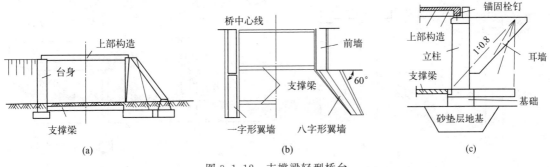

图 3.1.12　支撑梁轻型桥台

　　（4）埋置式桥台。埋置式桥台是将台身埋在锥形护坡中，只漏出台帽在外以安装支座及上部结构的一种桥台。桥台所受的土压力大为减小，桥台的体积也随之减少。按台身的结构形式，埋置式桥台可分为肋形埋置式（见图 3.1.13）、双柱式（见图 3.1.14）和框架式（见图 3.1.15）等。

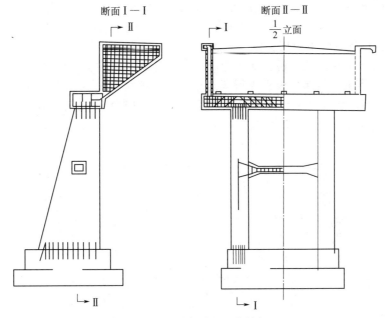

图 3.1.13　肋形埋置式桥台

四、上部结构构造

　　梁桥按照主梁的静力体系可分为简支梁桥、连续梁桥和悬臂梁桥；按照主梁的截面形式可分为板桥、肋梁桥和箱形梁桥。

1. 板桥

　　板桥是小跨径桥梁最常用的桥型之一。由于它在建成之后外形上像一块薄板，故称为板桥。板桥的建筑高度小，适用于桥下净空受限制的情况，还可用于降低桥头引道的高度，缩短引道的长度。其外形简单，制作方便，既便于现场整体浇筑，又便于工厂化成批生产，因此可以采用整体式结构，也可以采用装配式结构。另外，做成装配式的预制构件时，重量不大，架设方便。

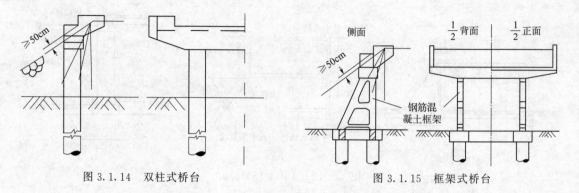

图 3.1.14　双柱式桥台　　　　　　图 3.1.15　框架式桥台

板桥按照板桥的横截面形式分为实体矩形板桥、矮肋式板桥；按照板桥的施工方法分为装配式板桥、整体式板桥；按照板的静力体系分为简支板桥、悬臂板桥、连续板桥。

2. 钢筋混凝土简支梁桥

钢筋混凝土简支梁桥受力明确，构造简单，施工方便，便于工业化生产，可节省大量的模板和支架，降低劳动强度，缩短工期，因此在小跨径桥梁中，尤其是标准跨径为 13～25m 的桥梁中，应用最多。其常见截面形式为 T 形。一般采用预制装配法施工，只在少数如异形、变宽截面等场合下采用整体浇筑法。

典型的装配式 T 形简支梁桥上部构造由几片 T 形截面的主梁并列在一起装配连接而成，见图 3.1.16。T 形梁的顶部翼板构成行车道板，与主梁梁肋垂直相连的横隔梁的下部以及 T 形梁翼板的边缘均设焊接钢板连接构造，将各主梁连成整体，这样就能使作用在行车道板上的局部荷载分布给各片主梁共同承受。

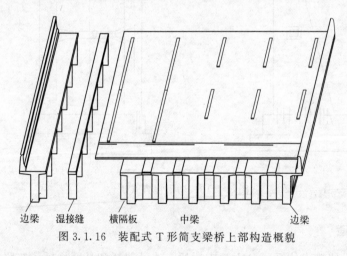

边梁　湿接缝　横隔板　　中梁　　　　边梁

图 3.1.16　装配式 T 形简支梁桥上部构造概貌

箱形截面梁由于受拉区混凝土不参与工作，多余的底板徒增了自重，所以一般不适用于钢筋混凝土简支梁桥。

3. 预应力混凝土简支梁桥

装配式钢筋混凝土简支梁桥的合理跨径在 20m 以内。跨径大于 25m，特别是 30～50m 跨径的梁桥，往往采用预应力混凝土结构。

预应力混凝土简支梁桥的横截面类型与钢筋混凝土梁桥类似，通常也做成 T 形、Π 形。

但是为了满足预应力筋的布置和张拉要求，预应力混凝土简支 T 形桥的梁肋下部一般都设有"马蹄"或加宽的下缘。

有时为了提高单梁的抗扭刚度并减小混凝土截面，也采用箱形截面。箱形截面梁的跨度比 T 梁大很多。

4. 预应力混凝土连续梁桥

随着交通运输特别是高等级公路的快速发展，人们对行车平稳舒适提出了更高的要求。超静定结构连续梁桥以其结构刚度大、变形小、伸缩缝少和行车平稳舒适等突出优点而得到了快速发展。

连续梁桥在荷载作用下，主梁受弯，跨中截面承受正弯矩，中间支点截面承受负弯矩，通常支点截面负弯矩比跨中截面正弯矩大。预应力结构通过高强钢筋对混凝土预压，不仅充分发挥了高强材料的特性，而且提高了混凝土的抗裂性，促使结构轻型化，因而预应力混凝土连续梁桥适宜于修建跨径 30～100m 的中、大跨径的桥梁。

（1）横截面形式。预应力混凝土连续梁桥的截面形式很多，一般应依据桥梁的总体布置、跨径、宽度、梁高、支承条件、施工方法等方面确定。合理地选择主梁的截面形式对减轻桥梁的质量、节约材料、简化施工和改善截面的受力性能都具有十分重要的意义。预应力混凝土连续梁桥常用的横截面形式有板式、T 形梁式和箱形梁式。其中，板式、T 形梁式截面构造简单、施工方便；箱形梁式截面具有良好的抗弯和抗扭性能，是预应力混凝土连续梁桥的主要截面形式，见图 3.1.17。

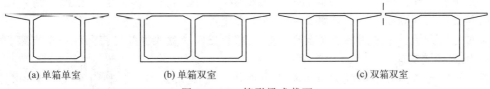

(a) 单箱单室 (b) 单箱双室 (c) 双箱双室

图 3.1.17 箱形梁式截面

（2）立面形式。

① 等截面连续梁桥。连续梁桥采用等截面布置，构造简单，预制定型、施工方便。中等跨径 40～60m 的连续梁桥宜采用等截面布置，可采用支架施工、逐孔架设施工、移动模架施工及顶推法施工。

等截面连续梁桥可选用等跨和不等跨两种布置方式，见图 3.1.18。

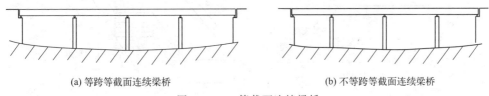

(a) 等跨等截面连续梁桥 (b) 不等跨等截面连续梁桥

图 3.1.18 等截面连续梁桥

② 变截面连续梁桥。当连续梁的主跨跨径接近或大于 70m 时，从结构受力和工程经济性上讲，主梁采用变截面形式更合理。变截面连续梁桥适合悬臂法施工，施工阶段主梁的刚度大，且内力与运营阶段的主梁内力基本一致。

变截面形式的大跨径预应力混凝土梁桥，立面一般采用不等跨布置，见图 3.1.19。

五、支座

按照梁式桥受力的要求，在上部结构和墩台之间常须设置支座，其主要作用是将上部结

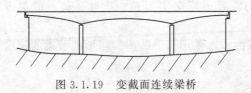

图 3.1.19　变截面连续梁桥

构的支承反力传递到桥梁墩台，同时保证结构在汽车荷载、温度变化、混凝土收缩和徐变等因素作用下能自由变形，以使上、下部结构的实际受力情况符合结构的静力图式，见图 3.1.20。图中 P_1、P_2、P_3 表示桥梁受到的竖向作用；T 表示桥梁受到的水平作用；R_A、R_B 表示竖向支座反力；H_A 表示水平支座反力；θ 表示桥梁能够实现的转动角度；Δl 表示桥梁能实现的水平位移。

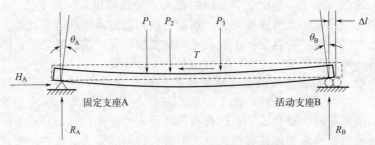

图 3.1.20　简支梁的静力图示

桥梁支座的种类总体来说分为：板式橡胶支座、盆式橡胶支座、球形钢支座和其他特殊曲面钢支座。除此之外，满足不同特殊需要的特种支座名目繁多，型号复杂，例如拉压支座、抗震支座、减隔震支座、防腐支座、防水支座等。

下面主要介绍桥梁常用的三类支座：板式橡胶支座、盆式橡胶支座和球形钢支座。

1. 板式橡胶支座

板式橡胶支座由几层橡胶和薄钢板叠合而成，见图 3.1.21。它利用橡胶的不均匀弹性压缩实现转角 θ，利用其剪切变形实现水平位移 Δ。

板式橡胶支座竖向承载力在一般在 $70 \sim 3600$kN 范围内，一般标准跨径 20m 以内的梁桥、板桥多采用此种支座。

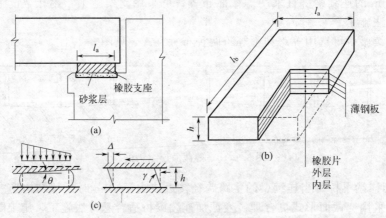

图 3.1.21　板式橡胶支座

2. 盆式橡胶支座

盆式橡胶支座利用钢盆中的橡胶块来实现对上部结构承压和转动的功能，利用放置在中间支承钢板上的聚四氯乙烯滑板与不锈钢板之间低摩擦的平面滑动来实现梁的水平位移，见

图 3.1.22。与板式橡胶支座相比，盆式橡胶支座具有承载能力大、水平位移大和转动灵活等优点，因此特别适用于跨度大和支座反力大的桥梁。

3. 球形钢支座

球形钢支座能满足大的支座反力和水平位移要求，同时还能适应多向转动且转动量较大的情况（图 3.1.23），特别适用于大跨度桥梁及宽桥、曲线桥、坡道桥等构造复杂的桥梁。

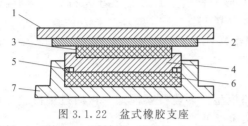

图 3.1.22 盆式橡胶支座

上座板：1—顶板；2—不锈钢板；下座板：3—聚四氟乙烯板；
4—中间钢板；5—密封圈；6—橡胶块；7—底盆

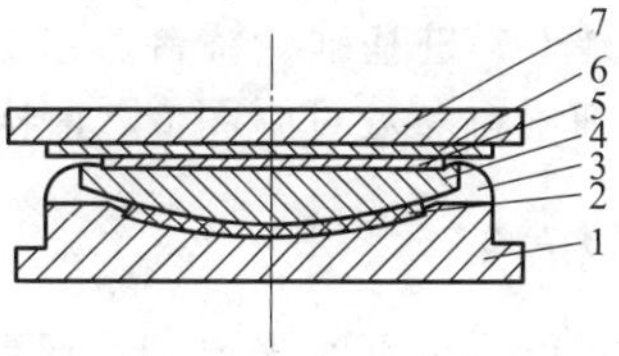

图 3.1.23 球形钢支座

1—下座板；2—球面F4板；3—密封裙；4—中座板；
5—平面F4板；6—上滑板；7—上座板

六、附属设施

附属设施包括桥面系、伸缩缝、桥头搭板和锥坡等。桥面系包括桥面铺装、排水设施、护栏、中央分隔带、人行道、栏杆、灯柱、标志标线等；伸缩缝是保证桥跨结构在温度变化时能自由伸缩并使车辆平稳通过的桥梁断开装置，一般设置在两岸桥台和某几个墩顶的桥面部位，横向贯通；桥头搭板设置于路基与桥台连接处，其作用是防止路与桥衔接处产生不均匀沉降而导致桥头跳车；锥坡设置在桥台两侧，使路基和桥梁顺接，诱导水流顺畅通过桥孔，防止洪水冲刷桥台和路基。

除此以外，有些桥梁根据需要还要修筑护岸、导流结构物和景观灯饰等附属设施。

任务实施 ◂

经过上述知识的学习，已经了解梁桥的构造，可识读梁桥构造图，完成任务一。

任务总结 ◂

梁桥是桥梁常用的结构形式，由上部结构（桥跨结构）、下部结构、支座和附属设施四部分组成。

梁桥是一种在竖向荷载作用下无水平反力的结构，通常需用抗弯、抗拉能力强的材料来建造。对于中、小跨径桥梁，目前在公路上应用最广的是标准跨径的钢筋混凝土简支梁桥。施工方法有预制装配和现浇两种，其常用跨径在 25m 以下。当跨径较大时，需采用预应力混凝土简支梁桥，但跨度一般不超过 50m。对于很大跨径的大桥和特大桥，可采用预应力混凝土梁桥、钢桥和钢-混凝土组合梁桥。

任务二 创建梁桥模型

任务引入 ◂

经过上面的训练，"专用道路"已完成建模。在"专用道路"K84＋324.102 处有一专用特大桥，全桥总长 625m。桥梁起点桩号为 K84＋011.602，终点桩号为 K84＋636.602。主桥桥跨布置：（95＋180＋95）m 预应力混凝土连续刚构，主桥长 370m。引桥桥跨布置：

小桩号侧引桥采用（46＋44＋30）m先简支后连续预应力混凝土T形梁，大桩号侧引桥采用3×45m先简支后连续预应力混凝土T形梁，引桥长255m。桥面全宽26.5m，按两幅桥设置，单幅桥桥面宽13m，双幅间距0.5m。下部结构桥台采用组合式桥台，桥墩采用柱式墩，墩台基础均采用桩基础，桩基础直径为2m，桥墩直径为1.8m，系梁尺寸为1.4m×1.6m。桥梁的坡度、桥面铺装和道路保持一致。

桥梁主桥上部箱梁材质为C55混凝土，T形梁材质为C50混凝土，桥墩、盖梁材质为C40混凝土，桩基础、桥台、系梁材质为C30混凝土。

详细梁桥参数见附图6，请构建该梁桥模型。

任务分析 ◀

构建梁桥模型时先要利用已经构建的道路模型，创建桥梁模型，再通过梁桥设计命令，修改桥梁参数进行梁桥详细设计，进而构建梁桥模型。

任务实施 ◀

一、创建桥梁

1. 创建桥梁定义

点击"桥涵"菜单下的"创建"工具，出现"桥梁定义"对话框。再输入桥梁名称，选择所属路线、跨径组合及其他必要参数后（见图3.1.24），点击"确定"按钮，可创建一个桥梁对象。

图 3.1.24 "桥梁定义"对话框

桥梁名称：专用特大桥。所属路线：点击，从图面选择该桥所属路线"专用道路路线"。桥梁分幅：不分幅。斜交角度：0。"跨径组合"分为列表和数据文本框两部分，列表和数据文本框的数据表示相同的跨径组合且联动。列表：可以进行一定的自动计算，下侧有增加、删除、上移、下移按钮。数据文本框：跨径中的格式自动检查，格式不对时给出提示。输入跨径组合，本案例为"（46＋44＋30）＋（95＋180＋95）＋3*45"。点击按钮，"桥梁定义"对话框隐藏，软件在图面上画出桥梁起止桩号位置、已定义跨径位置，可以用鼠标点击添加桥跨，点击"确定"，完成图面定义。

单击"确定"，选择任意桥梁形式，自动生成桥梁三维模型，见图3.1.25。

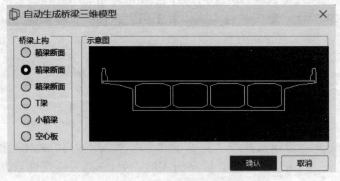

图 3.1.25 自动生成桥梁三维模型

2. 桥梁三维设计

点击"三维设计"按钮，选中想要进行设计的桥梁"专用特大桥"，再点击"确定"按钮（双击桥梁定义亦可），之后出现"桥梁三维设计"对话框（图 3.1.26）。

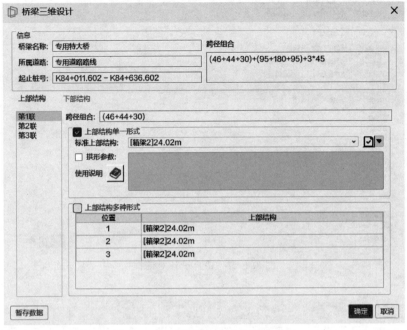

图 3.1.26　"桥梁三维设计"对话框

桥梁名称、所属道路、起止桩号、跨径组合均为在创建"桥梁定义"时设定的参数，在此处不可编辑。

（1）上部结构页面：左侧分联列表已列出所有已存在的分联，按顺序命名为"第 1 联""第 2 联"等。通过选择分联列表中的项目切换当前联索引，并在右侧对此联所属数据进行编辑。跨径组合展示当前分联的跨径组合，此处无法修改跨径组合。使用上部结构单一形式修改当前分联。标准上部结构：点击右侧三角下拉菜单选择上构方案，点击 按钮可将此分联的设计应用到其他分联，默认应用到全部分联，可以通过点击按钮右侧的三角来选择应用到某些分联。

（2）下部结构页面：在下部结构页面对桥梁下部结构进行修改设计，通过在左侧墩台列表选择某个列表项，来切换右侧展示的内容（图 3.1.27）。

桥墩/桥台中心线：选择桥墩/桥台与道路的夹角，支持斜交角度与方位角两种模式。斜交角度代表墩位中心线与道路在此处的法向夹角，角度范围限制在 $-30°\sim30°$；方位角即墩位中心线固定的方位角，角度范围限制在 $0°\sim360°$。

桥墩、盖梁、系梁、承台、基础等下部结构参数设置见图 3.1.28。

首位/末位桥台：点击复选框可以切换首位/末位是（否）使用桥台。点击复选框时，右侧内容也会同时切换到对应的首位/末位墩位。

应用到所有墩位：点击应用到所有墩位按钮，可将此墩位的设计数据应用到下部结构所有墩位，软件会在操作覆盖其他墩位数据之前给出确认提示；点击按钮右侧的下拉三角，可以将分跨数据应用到指定分跨；点击下拉后点击应用到所选墩位菜单项，将出现墩位选择对话框；选中想要应用的墩位，点击"确定"即可将当前墩位数据应用到其他墩位。

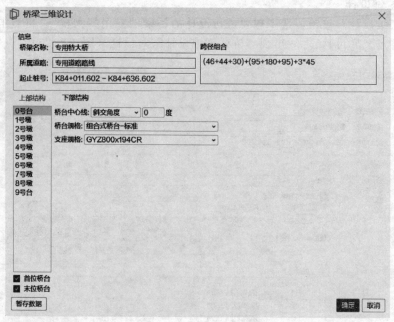

图 3.1.27　桥台设计对话框

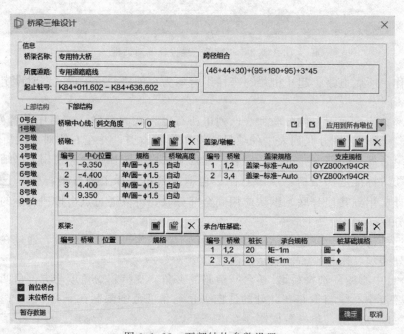

图 3.1.28　下部结构参数设置

二、梁桥参数设计

1. T 梁参数设计

点击左侧"构件"面板下的"桥梁"，在弹出的对话框内双击系统默认构件"T 梁左边梁"，复制并重命名为"T 梁左边梁-引桥"，根据图纸信息更改其类型属性，见图 3.1.29。

同理，复制"T 梁右边梁-引桥""T 梁中梁-引桥"两个类型。

点击左侧"方案"面板下的"桥梁方案",在"桥梁上构方案"中右击"上构方案-T 梁示例",复制新建一个 T 梁方案,重命名为"上构方案-T 梁-引桥"。参数设置见图 3.1.30。

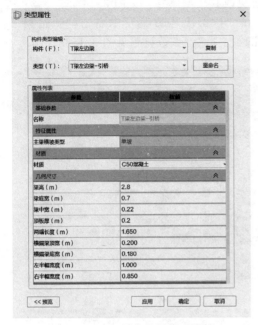

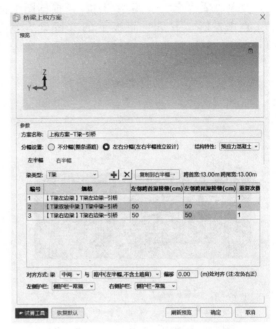

图 3.1.29 T 梁左边梁类型属性　　　　图 3.1.30 T 梁上部结构方案参数设置

其中,"分幅设置"设置为"左右分幅","规格"内分别选择对应的 T 梁,湿接缝宽度为 50cm,中梁重复 4 次。因左右对称,需要将方案复制到右半幅。

点击"三维设计"按钮,在桥梁三维设计中,将"第 1 联""第 3 联"的标准上部结构设置为"上构方案-T 梁-引桥"(图 3.1.31),点击"确定"后,系统会自动更新模型。

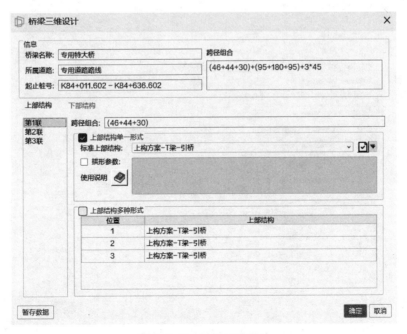

图 3.1.31 T 梁三维设计

2. 箱梁参数设计

点击左侧"构件"面板下的"桥梁",在弹出的对话框内双击系统默认构件"箱梁断面2",复制并重命名为"箱梁-主桥"。根据图纸信息更改其类型属性,见图3.1.32。

点击左侧"方案"面板下的"桥梁方案",在"桥梁上构方案"中右击"[箱梁2]24.02m",复制新建一个箱梁方案,重命名为"箱梁-主桥"。参数设置见图3.1.33。

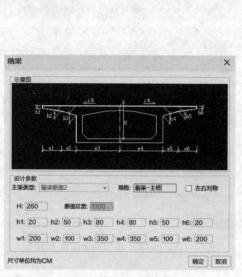

图 3.1.32　箱梁参数设计

图 3.1.33　箱梁上构方案参数设置

点击"三维设计"按钮,在桥梁三维设计中,将"第2联"的标准上部结构设置为"箱梁-主桥"(图3.1.34),勾选"拱形参数",读取图纸信息,输入相应数据,点击"确定"后,系统会自动更新模型。

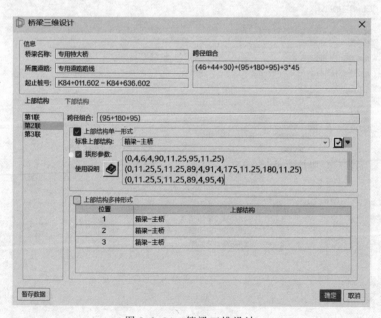

图 3.1.34　箱梁三维设计

拱形参数每跨参数格式为：（位置 1，位置 1 处梁厚，位置 2，位置 2 处梁厚……）。每组括号代表一跨，括号中可以留空，表示当前跨不作修改。位置指距离当前拱起始点的长度，取值范围下限为 0，上限为当前跨长。位置的表示方法有相对和绝对两种，用"＋"来区分，可以混用。有"＋"表示相对前一位置的增加距离，无"＋"表示距离本跨起点的绝对位置。

3. 下部结构参数设计

点击"三维设计"按钮，在桥梁三维设计中，切换到"下部结构"，将 0 号台、9 号台的桥台规格选择为"组合式桥台-标准"，见图 3.1.35。

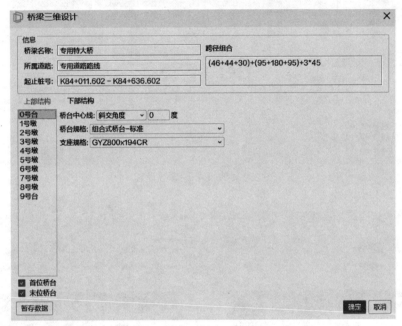

图 3.1.35　桥台三维设计

点击左侧"构件"面板下的"桥梁"，在弹出的对话框内双击系统默认构件"圆形桥墩"，复制并重命名为"单/圆-φ1.8"，修改其参数。双击系统默认构件"矩形系梁"，复制并重命名为"矩-1.4×1.6"，修改其参数。

点击"三维设计"按钮，在桥梁三维设计中，切换到"下部结构"，根据"下部结构"数据，设置 1 号墩的桥墩、盖梁、系梁、桩基础参数（图 3.1.36），并应用到所有墩位，单击"确定"后，模型自动更新。根据数据调整其他墩的参数。

点击左侧"构件"面板下的"桥梁"，在弹出的对话框内双击系统默认构件"台阶式盖梁"，分别复制并重命名为"台阶式盖梁-3♯""台阶式盖梁-6♯"，修改其参数，见图 3.1.37。

点击"三维设计"按钮，在桥梁三维设计中，切换到"下部结构"，设置 3 号墩、6 号墩的盖梁参数，选择对应的台阶式盖梁，单击"确定"后，模型自动更新。选中生成的台阶式盖梁，在"属性面板"内调整其"台阶高差"即可。

任务总结 ◀

通过完成该任务，了解了构建梁桥模型需要先定义构件，使用构件组成桥梁方案，在三维设计中选用合适的方案即可生成梁桥模型。

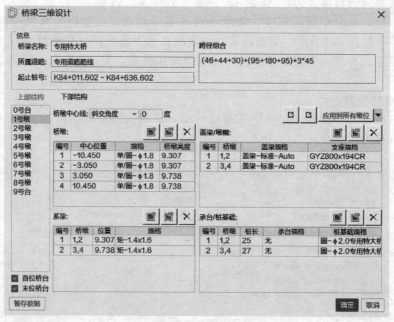

图 3.1.36　1号墩参数设置

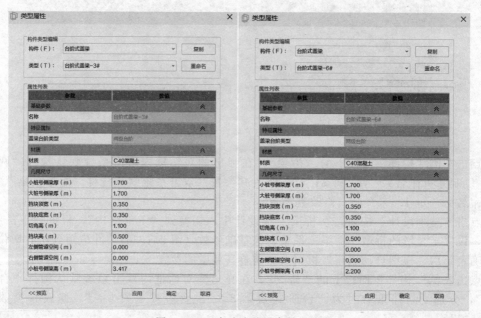

图 3.1.37　台阶式盖梁参数设置

创建梁桥时需要准确识读图纸，深刻理解软件参数的含义并输入正确数值，才能正确创建出梁桥。

模块练习 ◂

根据附录中附图 6 (g)"一般盖梁构造图"，设置除 3 号墩、6 号墩外其他墩盖梁规格，并正确生成梁桥模型。

项目二　创建拱桥

【学习目标】

知识目标

（1）掌握拱桥分类与构造；

（2）掌握创建拱桥模型的方法。

能力目标

（1）能够识读拱桥构造；

（2）能够创建拱桥模型。

素养目标

（1）培养建模思维；

（2）培养注重实践的务实意识；

（3）培养一丝不苟的工匠精神。

任务一　识读拱桥构造

任务引入 ◀

图 3.2.1 为一拱桥构造图，请为图中所示部位 1～17 标记名称。

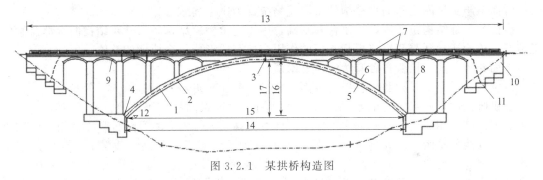

图 3.2.1　某拱桥构造图

任务分析 ◀

识读拱桥构造是完成拱桥设计、构建拱桥模型、完成拱桥施工的前提。为了能够识读拱桥构造，需要了解和掌握拱桥的基本组成及分类。

知识储备 ◀

拱桥是我国公路上常用的一种桥梁体系，其与梁桥的区别，不仅在于外形不同，更重要的是两者受力性能有差别。梁式结构在竖向荷载的作用下，支承处仅产生竖向反力，而拱式结构在竖向荷载作用下，支承处不仅产生竖向反力，还产生水平推力。正是这个水平推力的存在，使得拱的弯矩将比相同跨径的梁的弯矩小很多，整个拱主要承受压力。这样，拱桥不仅可以利用钢、钢筋混凝土等材料来修建，还可以根据拱的这个受力特点，充分利用抗压性能好而抗拉性能较差的圬工材料（石料、混凝土、砖等）来修建。这也是古代石拱桥赵州桥至今仍保存完好的重要原因。

一、拱桥的基本组成

拱桥由桥跨结构（上部结构）及下部结构两部分组成，见图 3.2.2。

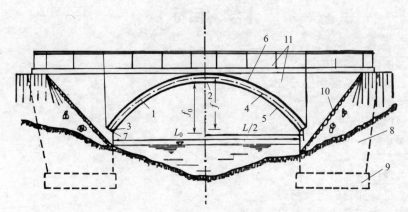

图 3.2.2　拱桥基本组成

1—主拱圈；2—拱顶；3—拱脚；4—拱轴线；5—拱腹；6—拱背；7—起拱线；8—桥台；9—基础；
10—锥坡；11—拱上建筑；f—计算矢高；f_0—净矢高；L—计算跨径；L_0—净跨径

拱桥的桥跨结构由主拱圈及其上面的拱上建筑构成。主拱圈是主要承载构件，通过它把荷载传递给墩台及基础。由于主拱圈是曲线形，一般情况下车辆无法直接在弧面上行驶，所以在桥面系与主拱圈之间需要有传递荷载的构件或填充物，以使车辆能在平顺的桥面上行驶。桥面系与主拱圈之间的承载构件或填充物统称为拱上建筑。

拱桥的下部结构包括桥墩、桥台和基础，用以支承桥跨结构，将桥跨结构的全部荷载传至地基。桥台还起到与两岸路堤相连接的作用，使路桥形成一个协调的整体。

下面介绍一些与拱桥布置有关的主要术语。

拱轴线是拱圈（或拱肋）各横向截面（或换算截面）形心点的连线。计算跨径（L）是指相邻拱脚截面形心点之间的水平距离，即拱轴线两端点间的水平距离。净跨径（L_0）是指上、下部结构相交处内缘间的水平净距。计算矢高（f）是从拱顶截面形心至相邻两拱脚截面形心连线的垂距。净矢高（f_0）是从拱顶截面下缘至相邻两拱脚截面下缘最低点连线的垂直距离。矢跨比（f/L）是计算矢高 f 与计算跨径 L 之比，也称拱矢度。矢跨比 f/L 大于或等于 1/5 的拱视为陡拱，反之为坦拱。拱顶是拱圈最高处横截面。拱脚（又称起拱面）是拱圈和墩台连接处的横向截面。拱背是拱圈的上曲面。拱腹是拱圈的下曲面。起拱线是起拱面与拱腹相交的直线。

二、拱桥的分类

拱桥的形式多种多样，构造各有差异，可以按照不同的方式来进行分类，见图 3.2.3。

三、拱桥的构造

1. 主拱圈构造

这里按照主拱圈的截面形式来介绍拱桥。

（1）板拱桥。板拱桥主拱圈的横截面是整块的实体矩形截面，构造简单，施工方便，一般在地基条件较好的中、小跨径圬工拱桥中采用。北京颐和园昆明湖长堤上的玉带桥主拱圈由石板砌成，见图 3.2.4。

（2）肋拱桥。将板拱的整块矩形实体截面划分成两条（或多条）分离式的、截面高度较

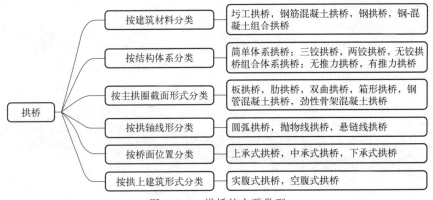

图 3.2.3　拱桥的主要类型

大的拱肋，拱肋与拱肋间由横系梁相连，肋拱桥是由拱肋上设置的立柱和横梁支撑的行车道以及拱肋组成的拱桥，见图 3.2.5。

图 3.2.4　北京颐和园玉带桥

图 3.2.5　广州流溪桥

（3）双曲拱桥（中国首创的一种拱桥形式）。双曲拱桥主拱圈的横截面由一个或数个横向小拱组成，使主拱圈在纵向及横向均呈曲线形，故称为双曲拱桥。其因预制构件时"化整为零"，施工时再"集零为整"，吊装质量轻，在公路桥梁上曾获得过较广泛的应用，最大跨径达 150m。图 3.2.6 所示为江苏无锡卫东桥双曲拱桥，但由于其截面组成划分过细，整体性能较差，且应力集中严重，建成后出现裂缝较多，目前已较少使用。

（4）箱形拱桥。将实体的板拱截面挖空成空心箱形截面，则称为箱形拱或空心板拱。由于截面挖空，箱形拱的截面抵抗矩比相同截面

图 3.2.6　江苏无锡卫东桥

积的板拱的截面抵抗矩大得多，从而大大减小弯矩引起的应力，节省材料，对于跨径较大的拱桥效果更为显著。另外，由于它是闭口截面，抗扭刚度、横向整体性和结构稳定性都比较好，箱形截面构造图见图 3.2.7。

（5）钢管混凝土拱桥。钢管混凝土拱桥属于肋拱桥的一种，主要用于大跨度中、下承式拱桥（图 3.2.8）。钢管混凝土是在薄壁圆形钢管内填充混凝土而形成的一种复合材料，它一方面借助内填混凝土增强钢管壁的稳定性，同时又利用钢管对核心混凝土的套箍作用，使核心混凝土处于三向受压状态，从而使其具有更高的抗压强度和抗变形能力。钢管本身相当于混凝土的外模板，可以先将空钢管拱肋合龙，再压注泵送管内混凝土，降低了大跨径拱桥

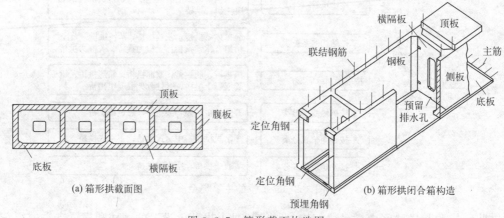

图 3.2.7　箱形截面构造图

的施工难度，省去了支模、拆模等工序。但钢管混凝土拱桥在阳光照射下钢管膨胀，钢管与内填混凝土之间容易出现脱空现象；泵送管内混凝土也常出现不能完全饱满的情况。

（6）劲性骨架混凝土拱桥。劲性骨架混凝土拱桥与普通钢筋混凝土拱桥的区别在于前者以劲性骨架作为受力筋，劲性骨架可以是型钢，也可以是钢管或钢管混凝土，采用钢管混凝土作劲性骨架的混凝土拱又称为内填外包型钢管混凝土拱。它主要用于大跨度拱桥中。万州长江大桥即是用钢管混凝土作劲性骨架的拱桥，施工时先用空钢管形成骨架，然后在钢管内灌混凝土，最后，在钢管外面支模板，现浇外层混凝土（图 3.2.9）。劲性骨架混凝土拱桥跨越能力大、超载潜力大、施工方便，是一种极具发展前途的拱桥结构形式。

图 3.2.8　天津彩虹桥

图 3.2.9　万州长江大桥

2. 拱上建筑构造

拱上建筑一般分为实腹式和空腹式两大类。实腹式拱上建筑构造简单，施工方便，但填料数量较多，恒载较重，一般用于小跨径的板拱桥。大、中跨径拱桥，特别是当矢高较大时，应采用空腹式拱上建筑。

（1）实腹式拱上建筑。实腹式拱上建筑由拱腹填料、侧墙、护拱、防水层、泄水管以及桥面系组成（图 3.2.10）。拱腹填料分为填充式和砌筑式两种。填充式拱腹填料应尽量做到就地取材，通常采用砾石、碎石、粗砂或黏土等材料，分层夯实。砌筑式就是在散粒填料不易取得时采用的一种干砌圬工方式。侧墙的作用是围护拱腹上的散粒填料，设置在拱圈两侧。护拱是在实腹式拱桥拱脚处设置片石或块石砌筑的构造物，以加强拱脚段的拱圈。

（2）空腹式拱上建筑。空腹式拱上建筑分为有实腹段的空腹式拱和全空腹式拱，全空腹式拱腹孔数一般以奇数为宜。

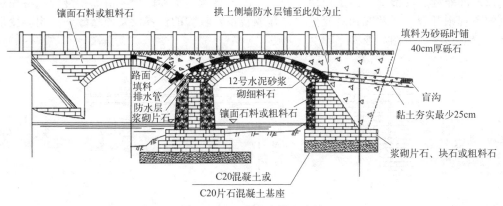

图 3.2.10　实腹式拱上建筑

空腹式拱上建筑除了具有与实腹式拱上建筑相同的构造外，还有腹孔和腹孔墩。腹孔分为拱式腹孔（图 3.2.11）和梁式腹孔两种（图 3.2.12）。腹孔墩可采用横墙式或立柱式两种。横墙式腹孔墩通常采用石料、混凝土预制块砌筑或现浇混凝土实体墙。有时为了节省材料、减轻自重，也可在横墙上挖孔。立柱式腹孔墩是指由立柱和盖梁组成钢筋混凝土排架结构，为了使立柱传递给主拱圈的压力不致过分集中，通常在立柱下面设置底梁。立柱和盖梁常采用矩形截面，底梁可以与拱圈一起施工完成。

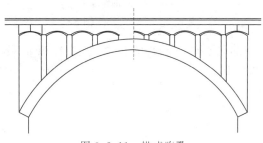

图 3.2.11　拱式腹孔

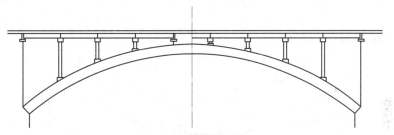

图 3.2.12　梁式腹孔

3. 其他细部构造

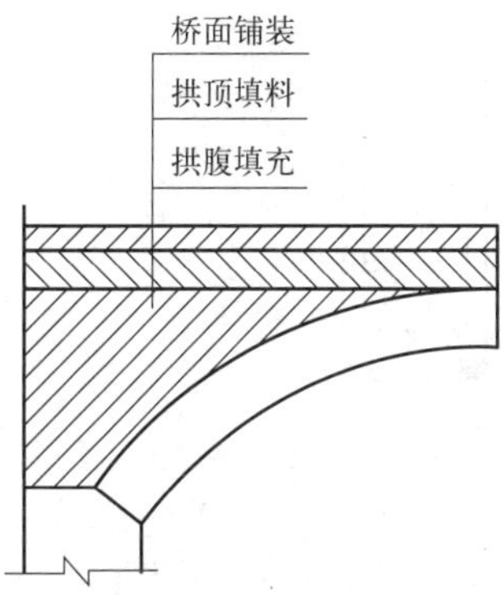

（1）拱上填料。拱上填料的设置可以扩大车辆荷载的作用面积，减小车辆荷载对拱圈的冲击。一般情况下，在拱顶截面上缘还需设置一层填料，即拱顶填料，在该填料以上才是桥面铺装，见图 3.2.13。

拱上填料也增加了拱桥恒载的质量。在大跨径钢筋混凝土拱桥或在地基条件很差的情况下，为了进一步减小拱上建筑质量，可减薄拱上填料厚度，甚至可以不要拱上填料，直接在拱顶截面上缘以上铺筑混凝土桥面。

拱桥桥面铺装应根据桥梁所在的公路等级、使用要求、交通量大小以及桥型等条件综合考虑确定。

图 3.2.13　拱上填料示意图

（2）伸缩缝、变形缝。为了使结构的计算图式尽量与实际的受力情况相符合，避免拱上建筑的不规则开裂，通常在相对变形（位移或转角）较大的位置设置伸缩缝，在相对变形较小处设置变形缝，见图3.2.14。

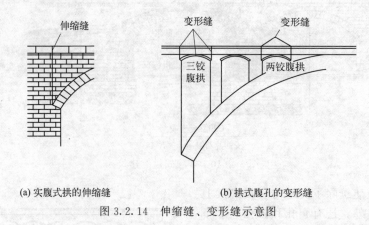

图 3.2.14 伸缩缝、变形缝示意图

（3）拱铰。常见的拱铰形式有弧形铰、铅垫铰、平铰、钢铰、不完全铰等，见图 3.2.15。

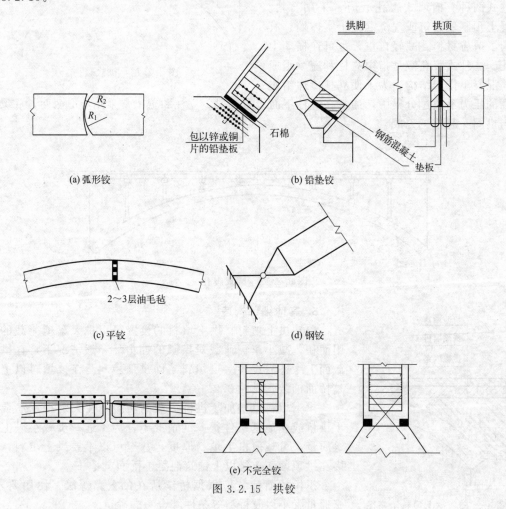

图 3.2.15 拱铰

（4）排水与防水构造。对于拱桥，不仅要求将桥面雨水及时排除，而且要求将透过桥面铺装渗入到拱腹的雨水及时排除。与梁式桥相似，桥面排水也是由设置桥面纵、横向坡以及泄水管等来实现。泄水管平面布置与梁式桥相同，见图 3.2.16。

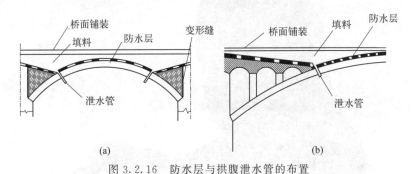

图 3.2.16　防水层与拱腹泄水管的布置

任务实施 ◂

经过上述知识的学习，已经了解拱桥的构造，可识读拱桥构造图，完成任务一，见图 3.2.17。

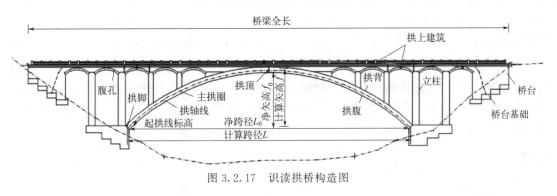

图 3.2.17　识读拱桥构造图

任务总结 ◂

通过完成该任务，了解了拱桥的受力特点与梁桥不同，即在竖向荷载的作用下，拱桥支撑处不仅产生竖向反力，还产生水平推力。拱桥由上部结构和下部结构两大部分组成，其主要承重结构是拱圈，拱圈的截面形式有板拱、肋拱、箱形拱、双曲拱等。桥面系与主拱圈之间传递荷载的构件或填充物称为拱上建筑，拱上建筑有实腹式和空腹式两种。

任务二　创建拱桥模型

任务引入 ◂

经过上文的训练，"专用道路"已完成建模（图 3.2.18）。在"专用道路"K84＋324.102 处有一座"46＋44＋30＋370＋3×45"特大桥，其中跨径 370m 的一跨为一下承式肋拱桥（专用拱桥），拱轴线为抛物线形，矢跨比为 5.0，拱轴系数为 1.5，拱肋截面为直径 1.5m 的钢管混凝土管，垂直布置于道路两侧，距离道路中心 13.25m，吊杆间距 5.0m，纵横主梁采用 1m×1m 的截面形式，肋间采用 K 形撑联系，风撑直径 0.5m，拱座承载面宽

2.0m、高 2.0m。请构建该拱桥模型。

图 3.2.18　已创建的道路模型

任务分析 ◀

　　拱桥的模型不能脱离梁桥单独创建，因此创建拱桥模型时需先创建桥梁定义，再进行桥梁三维设计，然后再创建拱桥。完成本任务时需先利用已创建的道路模型创建桥梁定义，创建梁桥模型，再通过拱桥设计命令，修改桥梁参数进行拱桥详细设计，进而构建拱桥模型。

任务实施 ◀

一、创建梁桥

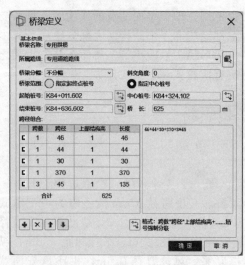

图 3.2.19　"专用拱桥"桥梁定义对话框

1. 创建桥梁定义

　　点击"桥涵"菜单下的"桥梁定义"选项下的"创建"命令，弹出"桥梁定义"对话框（图 3.2.19），输入桥梁名称、所属路线、跨径组合等参数。

　　桥梁名称：专用拱桥。所属路线：点击 ，从图面选择该桥所属路线"专用道路路线"。桥梁分幅：不分幅。斜交角度：0。桥梁范围：指定中心桩号 K84＋324.102。设置跨径组合"46＋44＋30＋370＋3×45"，设置完跨径组合后，软件将自动计算起始桩号和结束桩号。点击"确定"，弹出"自动生成桥梁三维模型"对话框（图 3.2.20），选择箱梁断面 3，完成桥梁定义。

图 3.2.20　"自动生成桥梁三维模型"对话框

2. 桥梁三维设计

点击"桥涵"菜单下的"梁桥"选项下的"三维设计"命令，进入"选择桥梁"列表页面（图 3.2.21），选中想要进行设计的桥梁定义"专用拱桥"，再点击"确定"按钮（或双击"桥梁定义"），弹出"桥梁三维设计"对话框，见图 3.2.22。

图 3.2.21　"选择桥梁"列表

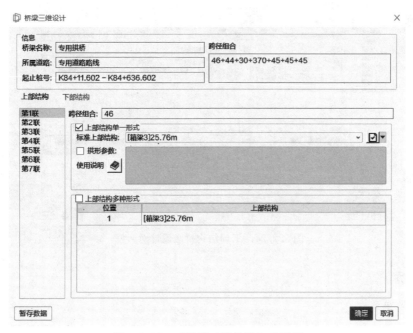

图 3.2.22　"桥梁三维设计"对话框

设置"专用拱桥"上、下部结构参数。上部结构采用默认参数；下部结构中，桥台采用肋板式桥台（图 3.2.23），桥墩参数见图 3.2.24，设置完一个桥墩参数后，点击"应用到所有墩位" 。

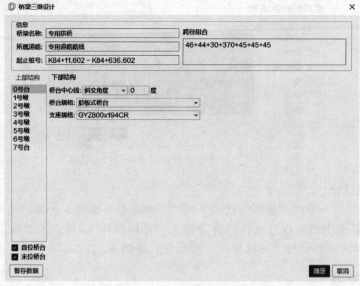

图 3.2.23　下部结构桥台设计对话框

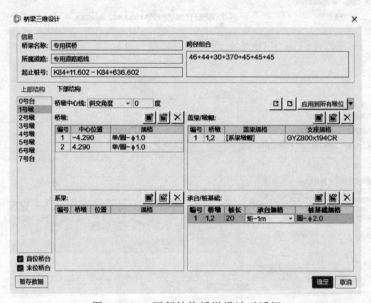

图 3.2.24　下部结构桥墩设计对话框

二、创建拱桥

1. 选择桥跨

选择"桥涵"菜单下"拱桥"选项卡 [拱桥设计 删除拱桥]，点击"拱桥设计"命令，弹出"拱桥布置"窗口，在此窗口中选择进行拱桥设计的桥梁以及所在桥跨，选择专用拱桥的第 4 跨，见图 3.2.25。

2. 拱桥详细设计

"拱桥布置"窗口选中桥跨后，点击"确定"按钮即可进入"拱桥详细设计"窗口，见图 3.2.26。

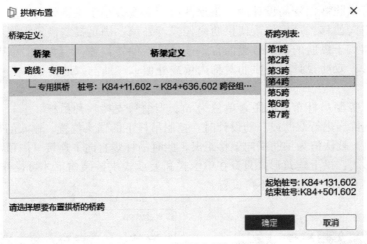

图 3.2.25 "拱桥布置"窗口

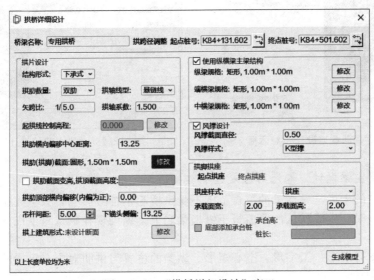

图 3.2.26 "拱桥详细设计"窗口

桥梁名称：显示当前桥梁名称，不可编辑。拱跨径调整：调整拱桥的桩号范围，可以手动输入，也可以点击右侧 🔧 按钮在图面上进行桩号选择。

（1）拱片设计。结构形式包括下承式、中承式和上承式三种结构形式。拱肋数量：支持单肋、双肋及三肋。拱轴线形：支持悬链线、抛物线、圆弧线。矢跨比＝拱高/拱肋长度，其中拱肋长度为起止桩号之差。拱轴系数：仅在悬链线拱轴线形中提供。起拱线控制高程：点击后面的"修改"按钮，可以打开起拱高程设计窗口，当采用下承式拱桥时不可定义起拱线控制高程。

拱肋横向偏移中心距离：当使用双肋或者三肋拱肋设计时，用于调整两侧拱肋的位置。输入的值为某一拱肋离道路中心的距离，两侧的拱肋将对称布置。

拱肋（拱脚）截面：设计拱肋位于拱脚处的截面。点击"修改"按钮可以进行截面形状及参数的更改。拱肋截面支持四种类型——矩形、圆形、哑铃形以及桁架形，见图 3.2.27。

拱肋截面变高，拱顶截面高度：可以修改拱肋顶部的截面尺寸高度。如果进行了拱肋截面变高设计，拱肋将根据顶部与拱脚处的截面尺寸，对整个拱肋的截面高度进行渐变计算。

一般来说，进行拱肋截面变高设计后，拱顶截面的高度会小于拱脚处的高度。

拱肋顶部横向偏移：可以修改使拱肋内偏或者外偏，满足提篮拱等类似的设计要求。内外偏的距离均相对于拱肋的拱脚位置而言，该项目不偏转，输入值为0。单拱肋设计时无法进行内外偏设计；双肋设计时两拱肋对称内偏或外偏；三肋与双肋类似，只是中心拱肋不会进行偏转。

吊杆间距：控制吊杆布置间距，单位为m。当前只支持一种吊杆。

下锚头侧偏：当进行双肋或三肋设计时，控制吊杆下的锚头位置。输入的数值为下锚头至道路中心的距离。默认值为拱肋横向偏移距离，此时吊杆竖直向下连接（拱顶没有偏移时）。

拱上建筑形式：拱上建筑形式只有在中承式和上承式拱桥结构下才可操作，见图3.2.28。下承式拱桥结构下为灰显状态，不可设置。

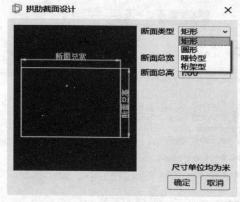

图3.2.27 "拱肋截面设计"对话框

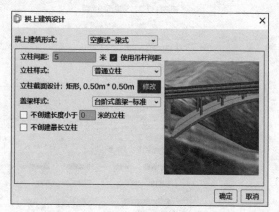

图3.2.28 "拱上建筑设计"对话框

（2）纵横梁主梁设计。勾选对应复选框 ☑使用纵横梁主梁结构 ，即可使用纵横梁主梁。纵横梁将会替换对应跨的主梁，纵横梁的覆盖范围不受拱桥起止桩号影响，只生成在所在桥跨范围之间。生成模型时会生成默认的薄盖板于纵横梁之上。纵梁现在默认只生成两根，布置在道路左右两侧。

纵梁截面支持矩形、工字形、空心矩形。纵梁的位置与拱肋对应，纵梁的数量等于拱肋的数量。

端横梁截面支持矩形、工字形、空心矩形。端横梁位于纵横梁的前后两侧。中横梁支持矩形、工字形。端横梁的位置与吊杆一一对应，端横梁垂直于纵梁，间距相等。横梁的长度等于"桥面宽度"与"侧边两拱肋间距＋肋截面宽度"这两者中的较大值。

（3）风撑设计。勾选对应复选框 ☑风撑设计 ，即可在拱肋上布置风撑。只能在拱肋多于两根，并且不为上承式拱桥时使用风撑。风撑默认都是圆形截面，可修改风撑直径。风撑样式可选K形撑、一字撑、X形撑。桁架型拱肋不支持X形撑。

（4）拱脚、拱座设计。可以对前后拱座分别进行设置。通过点击下拉三角形按钮可选择拱脚、拱座样式。可通过修改拱肋与拱座接触的承载面的尺寸调整拱座大小，承载面的宽、高分别对应拱肋截面的宽、高。底部可添加承台桩。

任务总结 ◂

通过完成该任务，了解了构建拱桥模型时先要创建道路模型，再创建桥梁定义，最后创建拱桥。创建拱桥时要深刻理解"拱桥详细设计"窗口里各参数的含义，以便能够正确创建拱桥。

拓展思考 ◀

  赵州桥是世界上第一座采用敞肩式结构的桥梁，直到 19 世纪中叶，欧洲才出现类似的桥梁设计，比我国晚了一千二百多年。1991 年 10 月 24 日，赵州桥被认定为世界十二处国际土木工程历史古迹之一，与埃及金字塔、巴拿马运河、法国埃菲尔铁塔并称为世界建筑史上具有深远影响的里程碑。

  "赵州桥来什么人修？玉石栏杆什么人儿留？什么人骑驴桥上过？什么人推车压了一道沟嘛依呀嗨？赵州桥来鲁班修，玉石栏杆圣人留，张果老骑驴桥上过，柴王爷推车压了一道沟嘛依呀嗨。"一座千年古桥，伴随着一首歌谣，将古人与江河和睦相处、和谐共生的智慧世世代代传承下来。

  赵州桥凝聚了历代工匠的巧思与汗水。作为现代的桥梁工作者，你如何理解"一丝不苟，工匠精神"？

模块练习 ◀

一、填空题

(1) 拱桥由_____及_____两部分组成。

(2) 按照拱上建筑的形式可以将拱桥分为_____和_____。

(3) 拱桥按照桥面的位置可分为_____、_____、_____。

(4) 拱圈截面形式可分为_____、_____、_____、_____、_____等。

(5) 拱桥常用的拱轴线形有_____、_____、_____。

(6) 拱桥的矢跨比是指_____与_____之比。当矢跨比增大时，拱的推力_____。

(7) 拱上填料的作用是_____。

(8) 空腹式拱桥拱上建筑的腹拱墩有_____和_____两种。

二、判断题（正确的打"√"，错误的打"×"）

(1) 悬链线是目前我国大、中跨径拱桥最普遍采用的拱轴线形。（ ）

(2) 对于无铰拱来说，变截面拱的主拱圈横截面通常是采用由拱顶向拱脚逐渐增大的形式。（ ）

(3) 在中、下承式拱桥中，最容易破坏的部位是吊杆与车行道横梁连接的部位。（ ）

三、简答题

(1) 拱桥和梁桥在受力上有什么区别？

(2) 拱上建筑的伸缩缝和变形缝怎样设置？

四、建模题

请依照案例的参数设置，构建一中承式拱桥模型。

项目三　创建斜拉桥及悬索桥

【学习目标】

知识目标

（1）掌握斜拉桥分类与构造；

（2）掌握悬索桥分类与构造；

（3）掌握创建斜拉桥及悬索桥模型的方法。

能力目标

（1）能够识读斜拉桥及悬索桥构造；

（2）能够创建斜拉桥及悬索桥模型。

素养目标

（1）培养建模思维；

（2）培养勇挑工程重担的爱国主义情怀。

任务一　识读斜拉桥及悬索桥构造

任务引入 ◄

图 3.3.1(a) 所示是_____桥，图 3.3.1(b) 所示是_____桥。请为图中所示部位标记名称。

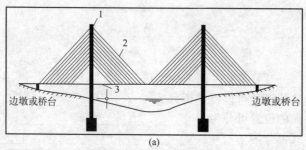

(a)

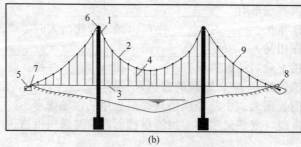

(b)

图 3.3.1　识读桥梁构造

任务分析 ◄

识读桥梁构造是构建桥梁模型的前提。为了能够识读斜拉桥及悬索桥的构造，需要了解和掌握斜拉桥及悬索桥的基本组成及分类。

知识储备 ◄ ┈┈┈┈┈┈┈┈┈┈┈┈┈┈┈┈┈┈┈┈┈┈┈┈┈┈┈┈┈┈┈┈┈┈┈┈┈

斜拉桥和悬索桥都是现代桥梁工程中常见的桥梁类型，其跨越能力大、结构简单、美观大方，在大型跨度桥梁建设中都得到了广泛的应用。

一、斜拉桥的基本组成

斜拉桥是由斜拉索、索塔和主梁组成的组合体系桥梁。由索塔引出的斜向拉索作为梁跨的弹性中间支承，斜拉索的竖向分力使主梁受到一个向上的弹性支承力，降低了梁跨的截面弯矩，大大提高了桥梁的跨越能力。此外，斜拉索的水平分力对主梁产生的轴向预压力的作用，可以增强主梁的抗裂性能。

1. 斜拉索

斜拉索对斜拉桥的工作状态影响很大，而且造价约占全桥的 25%～30%。每一根斜拉索，都包括钢索和锚具两大部分。在现代大跨度斜拉桥中，斜拉索按构造基本上分为整体安装的斜拉索和分散安装的斜拉索两大类。前者的代表是平行钢丝索，后者的代表是平行钢绞线索。平行钢丝索由 $\phi5\sim7\text{mm}$ 的高强镀锌钢丝组成，一般排列成六边形，整体在工厂制造。将平行钢丝索中的钢丝换成等截面的钢绞线即为平行钢绞线索。钢绞线成盘运至现场后，截取需要的长度，逐根安装和张拉。它适用于跨度大的斜拉桥。

斜拉索所组成的平面，通常分为单索面、双索面和多索面。其中，双索面又可分为平行双索面和空间双索面两种，多索面往往应用于超宽桥面（桥面宽超过 40m）的斜拉桥，见图 3.3.2。

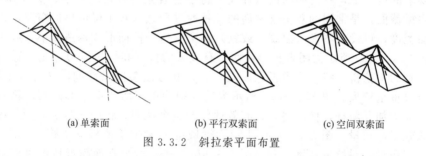

(a) 单索面　　　　　(b) 平行双索面　　　　　(c) 空间双索面

图 3.3.2　斜拉索平面布置

斜拉索在索立面内的布置，可以分为辐射形、竖琴形和扇形三种形式，见图 3.3.3。

(a) 辐射形　　　　　　　　(b) 竖琴形　　　　　　　　(c) 扇形

图 3.3.3　斜拉索立面布置

2. 索塔

斜拉桥的索塔主要承受由斜拉索传递的巨大压力和弯矩。其布置形式分为沿桥纵向的布置形式和沿桥横向的布置形式。纵向形式一般为单柱形，也可考虑 A 形和倒 Y 形塔；横向的形式有单柱式、双柱式、门架式、A 形、倒 Y 形、花瓶形（折线 H 形）和钻石形等（图 3.3.4）。桥面较高时索塔的横向布置形式见图 3.3.5。

3. 主梁

混凝土主梁的常用横截面形式如图 3.3.6 所示。图 3.3.6(a) 所示为板式截面，结构最简单，为锚固斜拉索，板边时常需要加厚。它的建筑高度小，在索距较密而桥宽不大，且能

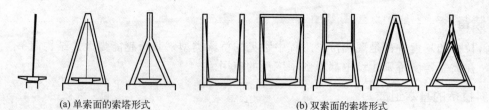

(a) 单索面的索塔形式　　　　　　　　(b) 双索面的索塔形式

图 3.3.4　索塔的横向布置形式

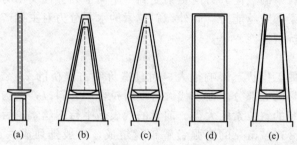

(a)　　　　(b)　　　　(c)　　　　(d)　　　　(e)

图 3.3.5　桥面较高时索塔的横向布置形式

满足一定的抗扭能力要求的情况下，可适当采用。图 3.3.6（b）所示为经过风洞试验分析得到的一种抗风性能良好的半封闭箱形截面。此截面两侧为三角形封闭箱，端部加厚以锚固斜拉索。两三角形间为整体桥面板，除个别需要的梁段外，不设底板。此种截面在满足抗弯、抗扭刚度要求的情况下，有良好的抗风性能，特别适合索距较密的宽桥。图 3.3.6（c）所示为板式边主梁截面，是常用的双主梁截面的一种改进形式。双主梁可靠边布置，也可向里布置；视桥面宽度，可设或不设（混凝土或钢）横梁。这种截面形式构造简单，施工方便，用料较省。图 3.3.6（d）所示为闭合箱形截面，有极大的抗弯和抗扭能力，尤其适用于斜拉索为单平面布置的斜拉桥。将外侧腹板做成倾斜式，既可改善抗风性能，又可减小墩台宽度。其缺点是节段重量较大。图 3.3.6（e）所示为较典型的单索面单室箱形截面，箱室内沿纵向设置一对预应力加劲斜杆，借以将索力有效地传至整个截面。将中间腹板改为斜撑并增设横撑，可以减轻梁体重量。图 3.3.6（f）所示为挪威的斯卡尔桑德桥（主跨 530m）的主梁截面，其为倒三角形，对抗风特别有利。图 3.3.6（g）表示两个索面靠近桥中央而两侧伸出较长悬臂肋板的截面形式。图 3.3.6（h）为利用三角形构架将两个箱梁连接在一起，加大桥面宽度的一种截面设计。

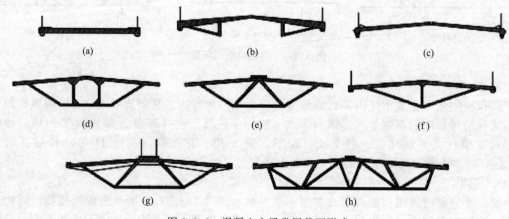

(a)　　　　　　　　(b)　　　　　　　　(c)

(d)　　　　　　　　(e)　　　　　　　　(f)

(g)　　　　　　　　(h)

图 3.3.6　混凝土主梁常用截面形式

斜拉桥主梁梁高一般可取跨度的 1/300～1/100。纵断面通常采用等高度布置。

二、斜拉桥的基本类型

1. 按孔跨布置分类

斜拉桥按孔跨布置主要可分为双塔三跨式、独塔双跨式和多塔多跨式等形式。在特殊情况下，斜拉桥也可以布置成独塔单跨式或者混合式。

2. 按结构体系分类

按照塔、梁、墩的相互结合方式，斜拉桥按结构体系可划分为飘浮体系、半飘浮体系、塔梁固结体系和刚构体系。

飘浮体系[图 3.3.7(a)]的特点是塔、墩固结、塔、梁分离。半飘浮体系[图 3.3.7(b)]的特点是塔、墩固结，主梁在塔、墩上设置竖向支承，成为具有多点弹性支承的三跨连续梁。塔梁固结体系[图 3.3.7(c)]的特点是将塔、梁固结并支承在墩上，斜拉索变为弹性支承。主梁的内力与挠度直接同主梁与索塔的弯曲刚度比值有关。这种体系的主梁一般只在一个塔柱处设置固定支座，而其余均为纵向可以活动的支座。刚构体系[图 3.3.7(d)]的特点是塔、梁、墩相互固结，形成跨度内具有多点弹性支承的刚构。

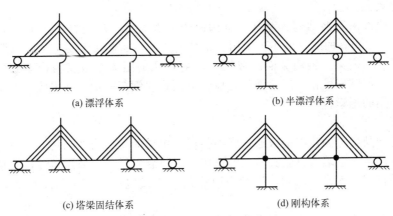

(a) 漂浮体系　　　　　　　　　　(b) 半漂浮体系

(c) 塔梁固结体系　　　　　　　　(d) 刚构体系

图 3.3.7　斜拉桥的结构体系

三、悬索桥的基本组成

悬索桥是以受拉主缆为主要承重构件的桥梁结构。它主要由索塔（包括基础）、主缆（也称大缆）、加劲梁、吊索（也称吊杆）、锚碇、鞍座及桥面结构等几部分组成，见图 3.3.8。

1. 索塔

索塔也称桥塔，它是支承主缆的主要构件，分担主缆所受的竖向荷载，并传递到下部的塔墩和基础。另外，在风荷载和地震荷载的作用下，索塔为全桥的总体稳定提供安全保证，见图 3.3.9。

2. 主缆

主缆通过主塔顶的鞍座悬挂于主塔上并锚固于两端锚固体中。主缆的布置形式一般是每桥两根，平行布置于加劲

图 3.3.8　悬索桥基本组成

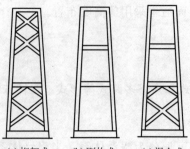

(a) 桁架式　　(b) 刚构式　　(c) 混合式

图 3.3.9　索塔沿桥横向布置示意图

梁两侧吊点之上。

现代大跨度悬索桥多采用平行钢丝主缆，它是由平行的高强、冷拔、镀锌钢丝组成。钢丝直径大都在 5mm 左右。视缆力大小，每根主缆可以包含几千乃至几万根钢丝。为便于施工安装和锚固，主缆通常被分成束股编制架设（一般每根主缆可分成几十乃至几百股，每股内的丝数大致相等），并在两端锚碇处分别锚固。为了保护钢丝，并使主缆的形状明确，主缆的其余区段则挤紧成规则的圆形，然后缠以软质钢丝捆扎并进行外部涂装防腐。

3. 加劲梁

加劲梁的主要功能是防止桥面发生过大的挠曲变形和扭曲变形。它直接承担竖向活载，也是悬索桥承受风荷载和其他横向水平荷载的主要构件，所以，必须具有足够的抗扭刚度或自重以保持在风荷载作用下的气动稳定性。加劲梁所承担的活载及本身的恒载通过吊索和索夹传至主缆。加劲梁的变形从属于主缆，它的刚度对悬索桥的总体刚度贡献不大，因而梁高通常不必做得太大。

加劲梁一般都采用钢结构；混凝土结构由于自重太大，从耗材、造价、工期等方面考虑，当跨径大于 200m 的时候就不再采用。钢加劲梁的截面形式主要有英国流派的扁平钢箱梁和美国流派的钢桁梁。钢箱梁的抗风性能较好，风的阻力系数仅为桁架式的 1/4～1/2；耗钢量也较少。但钢桁梁在双层桥面的适应性方面远比钢箱梁优越，因此它适合于交通量较大的或公铁两用的悬索桥。

4. 吊索

吊索是将加劲梁上的竖向荷载通过索夹传递到主缆的受力构件。其下端通过锚头与加劲梁两侧的吊点连接，上端通过索夹与主缆连接。现代悬索桥一般采用柔性较大且易于操作的钢丝绳索或平行钢丝索作为吊索，吊索表面涂装油漆或包裹 HDPE（高密度聚乙烯）护套防腐。

立面布置上，传统的悬索桥吊索都是竖直的，斜向吊索是英国式悬索桥的一大特点。斜向吊索和竖直吊索相比，索力较大，因此可以提高悬索桥整体振动时的结构阻尼。但多数人认为斜向吊索在抗疲劳强度方面不如竖直吊索。

吊索与索夹的连接方式一般分为四股骑跨式和双股销铰式两种（图 3.3.10）。其中，前者不宜采用平行钢丝索，而后者对钢丝绳索与平行钢丝索都能适应。

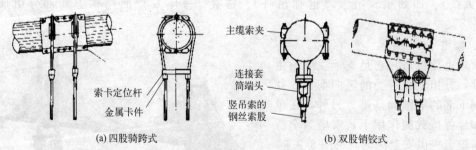

索卡定位杆

金属卡件

主缆索夹

连接套筒端头

竖吊索的钢丝索股

(a) 四股骑跨式　　　　　　　　　　　　(b) 双股销铰式

图 3.3.10　吊索与索夹的连接方式

5. 锚碇

锚碇即主缆的锚固体，用于固定主缆的端头，防止其移动。锚碇又可分为重力式锚碇（或称锚台）和隧道式锚碇两种，见图 3.3.11。

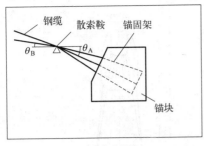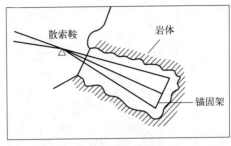

(a) 重力式锚碇　　　　　　　　　(b) 隧道式锚碇

图 3.3.11　锚碇示意图

重力式锚碇依靠锚固体的巨大自重来抵抗主缆的垂直分力，水平分力则由锚固体与地基（包括侧壁）之间的摩阻力或嵌固阻力来抵抗，从而实现对主缆的锚固。锚碇中预埋有锚碇架，它是由钢锚杆和支撑架构成的。主缆束股通过锚头与钢锚杆连接，再由钢锚杆通过支撑架分散至整个混凝土锚体。

隧道式锚碇是先在两岸天然完整坚固的岩体中开凿隧道，将锚碇架置于其中后，用混凝土浇筑而成。这是利用岩体强度对混凝土锚体形成嵌固作用，达到锚固主缆的目的，因而其锚碇混凝土用量较重力式锚碇大为节省，经济性能更为显著。但迄今为止，大部分悬索桥都由于缺乏坚固的山体岩壁可利用，而一般采用重力式锚碇。

6. 鞍座

鞍座分为塔顶鞍座（亦称主鞍座）和散索鞍座。

塔顶鞍座位于主缆和塔顶之间，其上座设有鞍槽用以安放主缆（图 3.3.12）。刚性桥塔上的塔顶鞍座，一般在上座下面设一排辊筒，用来调整施工中主缆在塔顶两侧的水平分力，使之接近平衡。辊筒下面设下座底板。柔性塔和摇柱塔上的主鞍座仅设上座，它将通过螺栓与塔固定。

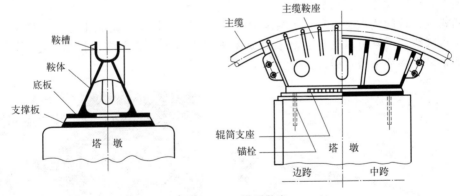

图 3.3.12　塔顶鞍座

散索鞍座是主缆进入锚碇之前的最后一个支承构件，置于锚碇的前墙处，起着支承转向和分散主缆束股，使之便于锚固的作用（图 3.3.13）。与塔顶鞍座不同的是，散索鞍座在主缆因活载作用或温度变化而产生长度变化时，其本身能够随主缆同步移动，以调节主缆的长度变化。其在结构形式上又有摇柱式和滑移式两种基本类型。

散索鞍座现今一般也是兼用铸焊的方法进行制造，即鞍槽部分采用铸钢件，其他部分用厚钢板焊接。

135

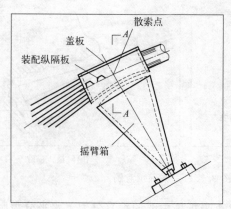

图 3.3.13 散索鞍座构造示意图

四、悬索桥的基本类型

1. 按主缆的锚固形式分类

悬索桥按主缆的锚固形式分为地锚式和自锚式两类。

绝大多数悬索桥，特别是大跨度的悬索桥，都采用地锚方式锚固主缆，即主缆的拉力由桥梁端部的重力式锚碇或隧道式锚碇传递给地基。因此在锚碇处一般要求地基具有较大的承载力，最好有良好的岩层作持力地基。厦门海沧大桥地锚式锚碇见图 3.3.14。

悬索桥有时也可以采用自锚的形式锚固主缆，而不需单独设置锚碇。自锚式悬索桥的主缆拉力直接传递给它的加劲梁来承受。主缆拉力的垂直分力（一般较小）可以抵消边跨端支点的部分反力，从而减小加劲梁的端支点反力，但水平分力则以轴向压力的方式传递到加劲梁中。因此自锚式悬索桥的跨度不宜过大，否则，为了抵抗巨大的主缆水平分力，加劲梁的截面将非常大而很不经济。另外，这种桥一般必须先架设加劲梁，然后再安装主缆，实践中因施工困难、风险大等原因而极少采用。

自锚式悬索桥的优点是适宜用于两岸地基承载力较差，特别是软土地基的桥位，另外，对城市闹市区跨河桥梁可以避免影响景观或无法布置的庞大的主缆锚碇建筑物。图 3.3.15 所示为北京昌平南环大桥自锚式锚碇。

图 3.3.14 厦门海沧大桥地锚式锚碇　　　　图 3.3.15 北京昌平南环大桥自锚式锚碇

2. 按孔跨布置形式分类

悬索桥按悬吊跨数不同可分为单跨悬索桥、双跨悬索桥、三跨悬索桥、四跨悬索桥、五跨悬索桥等，如图 3.3.16 所示。其中，三跨悬索桥结构形式最为合理，是大跨度悬索桥最为常用的桥型。单跨悬索桥常应用于边跨地面较高，采用桥墩支承边跨的梁体结构比较经济，或者道路的平面线形受到限制，不得不采用曲线线形进入大桥边跨的情况。

当只有一岸的边跨地面较高或线路有平面曲线进入时，也可以采用两跨悬索桥的形式（即一个边跨与主跨的加劲梁是悬吊的，另一边跨的梁体是由桥墩支承的形式）。

当建桥条件需要采用连续作大跨布置时，可以用两个三跨悬索桥联合布置，中间共用一座锚碇锚固这两座桥的主缆。

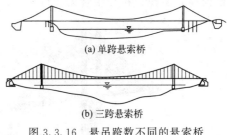

图 3.3.16 悬吊跨数不同的悬索桥

任务实施 ◀

经过上述知识的学习，已经了解斜拉桥及悬索桥的构造，可识读斜拉桥及悬索桥构造，完成任务一，见图 3.3.17。

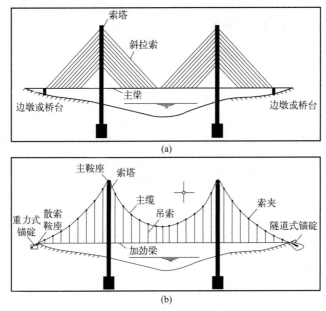

图 3.3.17 识读斜拉桥及悬索桥构造图

任务总结 ◀

通过完成该任务，了解了斜拉桥是由斜拉索、索塔和主梁组成的组合体系桥梁。悬索桥是以受拉主缆为主要承重构件的桥梁结构，主要由索塔、主缆、加劲梁、锚碇、吊索、鞍座及桥面结构等几部分组成。

任务二 创建斜拉桥模型

任务引入 ◀

请在模块三项目二中拱桥所在的位置 K84＋324.102 处创建一个如图 3.3.18 所示的斜

拉桥模型，斜拉桥跨径组合为"120＋370＋135"。

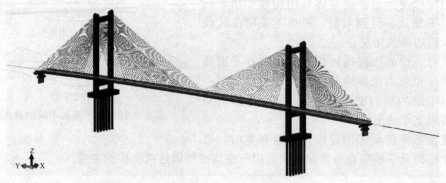

图 3.3.18　斜拉桥模型

任务分析 ◄ ···

创建斜拉桥模型先要利用已经创建的道路模型，创建桥梁定义，再进行桥梁三维设计，然后通过创建斜拉桥命令创建斜拉桥模型。

任务实施 ◄ ···

一、创建梁桥

1. 创建桥梁定义

点击"桥涵"菜单下的"桥梁定义"选项下的"创建"命令，弹出"桥梁定义"对话框。输入桥梁名称、所属路线，跨径组合及其他必要参数后（图3.3.19），点击"确定"按钮，弹出"自动生成桥梁三维模型"对话框（图3.3.20），选择箱梁断面3，完成桥梁定义。

2. 桥梁三维设计

点击"桥涵"菜单下的"梁桥"选项下的"三维设计"命令，进入"选择桥梁"列表页面（图3.3.21），选中想要进行设计的桥梁定义"专用斜拉桥"，再点击"确定"按钮（或双击"桥梁定义"），弹出"桥梁三维设计"对话框（图3.3.22）。桥梁上部结构采用默认形式，桥台采用肋板式桥台，桥墩位置处将来要设置索塔，此处可不设置任何形式的桥墩。

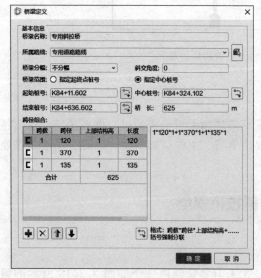

图 3.3.19　"专用斜拉桥"桥梁定义对话框

二、创建斜拉桥

创建斜拉桥时，布置斜拉桥的桥梁必须已经被创建出来，斜拉桥的模型不能脱离桥单独存在。

1. 建模准备

斜拉桥与悬索桥的建模关键在于建索塔。软件中索塔分两类，一类是斜拉型索塔，另一类是悬索型索塔。即便是想用相同索塔生

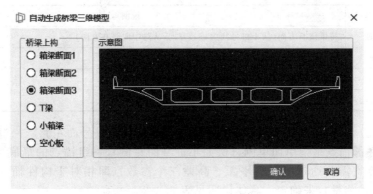

图 3.3.20　"自动生成桥梁三维模型"对话框

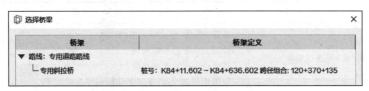

图 3.3.21　"选择桥梁"列表

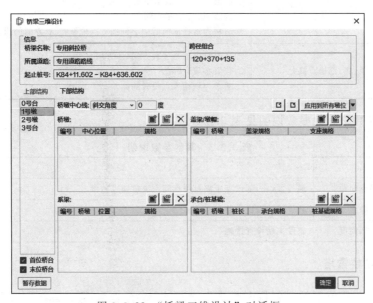

图 3.3.22　"桥梁三维设计"对话框

成这两类桥，在软件中也需要分两次载入构件。索塔构件在载入的时候，会要求一些必需参数，其中大部分参数是与锚定位置相关的参数，所以载入后，只需要确定路面的锚定位置，即可一一连接来布索。如果构件中锚定位置设置有误，将影响到后续在软件中的布索效果，甚至无法布置。

　　为了能够顺利建模，需要了解索塔坐标系、顶部锚点、底部锚点等相关建模概念，具体如下。

　　（1）索塔坐标系。构建索塔时坐标系说明见表 3.3.1。

表 3.3.1 索塔坐标系说明

序号	名称	说明
1	X 轴	桥梁横断方向(从小桩号往大桩号方向,从路中向路右方向)
2	Y 轴	道路桩号方向(俯视下 X 轴逆时针旋转 90°)
3	Z 轴	固定向上方向
4	插入点	与桥梁梁底接触面的中心(承重面的中间位置)

（2）顶（底）部锚点。顶部锚点是指单面单侧（例如小桩号面左侧）一组锚点的最顶部的锚定位置，底部锚点是指单面单侧（例如小桩号面左侧）一组锚点的最底部的锚定位置，顶部、底部锚点均需要通过纵距、平距、高差三个参数（即相对于构件插入点位置在 X、Y、Z 方向上的偏移量）来确定。具体说明见表 3.3.2。

表 3.3.2 顶（底）部锚点参数说明

序号	参数名称	说明
1	顶（底）部锚点纵距	①纵距对应的是桩号方向(Y 方向) ②数值<0 表示小桩号侧 ③数值>0 表示大桩号侧 ④数值不可为 0,通常为索柱纵向厚度的一半
2	顶（底）部锚点平距	①平距对应的是横断方向(X 方向) ②数值<−0.5 表示左侧 ③数值>0.5 表示右侧 ④通常为索柱横向的中心到插入点位置在 X 方向的投影距离
3	顶（底）部锚点高差	①高差对应的是竖直方向(Z 方向) ②数值必须>0 ③通常为到插入点位置的高差

（3）其他参数。其他参数说明见表 3.3.3。

表 3.3.3 其他参数说明

序号	名称	说明
1	锚点间距	通过顶(底)部锚点距离及锚点间距决定锚点数量
2	净距	软件主动设置为路宽
3	下部高度	软件主动设置接地

2. 布置斜拉桥索塔

点击"桥涵"菜单下的"斜拉和悬索"选项卡 ，启动"布置索塔"命令，弹出"选择索塔"对话框（图 3.3.23）。本桥选择门字型索塔。

点击"确定"，弹出提示：请选择桥梁。选择"专用斜拉桥"，继续提示：请选择索塔位置。软件将在图面中列出本桥梁的各个墩位断面线以供选择，图面显示红线的位置表示此索塔可以放置的位置，选择任一红线则立刻看到索塔布置效果。继续提示：请选择索塔位置。依次布置索塔即可。

如果索塔布置得不合适，可通过"删除索塔"命令删除索塔。

3. 布斜拉索

根据表 3.3.4 斜拉索锚点参数布置斜拉索。启动"布斜拉索"命令，弹出"选择斜拉

图 3.3.23　"选择索塔"对话框

索"对话框（图 3.3.24），选择斜拉索并确定。弹出提示：请选择索塔。选择 K84＋131.602 处的索塔，弹出提示：请选择近距离锚点桩号。输入 K84＋101.602。继续提示：请选择偏移距离。输入 13.25。继续提示：请选择远距离锚点桩号。输入 K84＋011.602，提示：请选择偏移距离。输入 13.25。弹出"智能对称布索"对话框（图 3.3.25），根据实际情况选择，这里选择重置同侧，这样就把该索塔小桩号侧道路左右两侧的斜拉索一同布置完成。同样，布置其他斜拉索。

表 3.3.4　斜拉索锚点参数

索塔		近距离锚点		远距离锚点	
		桩号	偏移距离/m	桩号	偏移距离/m
K84＋131.602	小桩号侧	K84＋101.602	13.25 或－13.25	K84＋011.602	13.25 或－13.25
	大桩号侧	K84＋161.602	13.25 或－13.25	K84＋314.602	13.25 或－13.25
K84＋501.602	小桩号侧	K84＋471.602	13.25 或－13.25	K84＋319.602	13.25 或－13.25
	大桩号侧	K84＋531.602	13.25 或－13.25	K84＋636.602	13.25 或－13.25

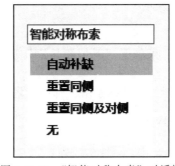

图 3.3.24　"选择斜拉索"对话框　　　图 3.3.25　"智能对称布索"对话框

"自动补缺"是指同时自动生成斜拉索的同侧和对侧面的未布置的拉索。"重置同侧"是指自动生成或覆盖同侧面的拉索。"重置同侧及对侧"是指自动生成或覆盖同侧以及对侧的拉索。"无"是指仅布置当前指定侧拉索。

任务总结 ◀

通过完成该任务，了解了构建斜拉桥模型时先要构建道路模型，再创建梁桥，然后创建斜拉桥。在创建斜拉桥时需要注意，布置索塔时只能选择斜拉类型索塔，后续才能布置斜拉索。

任务三　创建悬索桥模型

任务引入 ◄

请将本模块项目三任务二中的斜拉桥模型修改成如图 3.3.26 所示的悬索桥模型，桥梁中心桩号仍为 K84+324.102，跨径组合为"120+370+135"。

图 3.3.26　悬索桥模型

任务分析 ◄

本任务可以通过两种方式实现。一是调出已有的道路模型以及已经创建的梁桥模型，再通过创建悬索桥命令创建悬索桥模型。二是直接在已经创建的斜拉桥模型上修改索塔，再布置悬索。第一种方式前面操作与创建斜拉桥模型相同，本文介绍第二种方式。

任务实施 ◄

一、删除斜拉桥索塔

选择"桥涵"菜单下"斜拉和悬索"选项卡 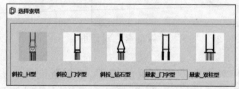，点击"删除索塔"命令，提示：请选择索塔。选中索塔即可删除。

二、布置悬索桥索塔

<table>
<tr>
<td>

图 3.3.27　"选择索塔"对话框

</td>
<td>

启动"布置索塔"命令，弹出"选择索塔"对话框（图 3.3.27），选择"悬索_门字型"索塔。确定后提示：请选择桥梁。选择桥梁后继续提示：请选择索塔位置。选择索塔位置布置索塔即可。

</td>
</tr>
</table>

三、布置悬索

启动"布置悬索"命令，弹出"布置悬索"对话框（图 3.3.28）。

1. 悬索位置

悬索位置分为两种，一种是"索塔-索塔"[图 3.3.29（a）]，一种是"索塔-路面"[图 3.3.29（b）]。

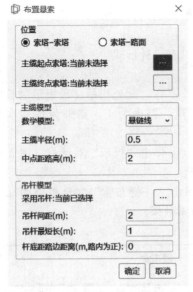

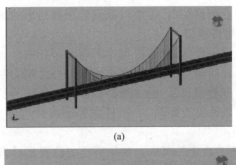

(a)

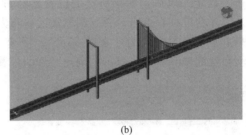

(b)

图 3.3.28 "布置悬索"对话框（一）　　　　图 3.3.29 悬索位置

"主缆起点索塔"：选择起点索塔，通过 □ 按钮回到图面选择索塔，选完之后界面会提示当前已选择。

"主缆终点索塔"：此提示只在"索塔-索塔"模式可见（图 3.3.30）。选择主缆终点索塔。

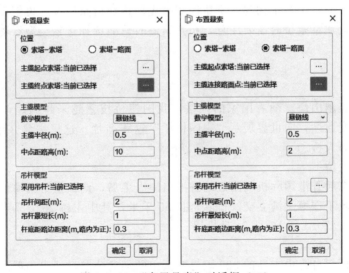

图 3.3.30 "布置悬索"对话框（二）

"主缆连接路面点"：此提示只在"索塔-路面"模式可见（图 3.3.30）。在选择路面点之前，需先选择索塔，然后才可以选择路面点，路面点通过 □ 按钮选择，命令行提示：请选择靠近索塔侧的锚点桩号。选择后，继续提示：请选择偏移距离。本案例为 13.25m。确

143

定后弹出"一键布索"对话框。

2. 主缆模型

"数学模型"：主缆路径点计算时采用的数学模型，目前只支持"悬链线"模型。

"主缆半径"：主缆截面的半径，这里采用默认值0.5。

"中点距路高"：主缆最低点处距离路面的高度，本案例选择10m。

3. 吊杆模型

"采用吊杆"：悬索造型中采用的吊杆构件，目前只有一种形式。

"吊杆间距"：悬索造型中相邻吊杆之间的距离。

"吊杆最短长"：受主缆路径影响，吊杆的长短参差不齐，此处指吊杆最短限制长度。

"杆底距路边距离"：吊杆底部距离路边的偏移距离，路内为正，路外为负。本案例选择0.3m。

点击"确定"以后，如果所选的位置已经布过索，会弹出"提示"对话框（图3.3.31），点击"是"才会继续，点击"否"则取消此次布索操作。

如果此悬索布置方式为"索塔-路面"，后续会再弹出"一键布索"对话框（图3.3.32），支持自动布置同侧和对侧。点击"确定"后即可看到布索效果。

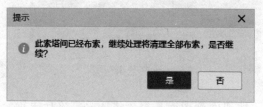

图3.3.31 重复布索提示对话框

图3.3.32 "一键布索"对话框

任务总结 ◂

通过完成该任务，了解了构建悬索桥模型时先要构建道路模型，再创建桥梁定义，然后创建悬索桥。在创建悬索桥时需要注意，布置索塔时只能选择悬索类型索塔，后续才能布置悬索。

拓展思考 ◂

大桥飞架，跨越山海。随着国家的强盛，我国建桥技艺越来越高超，翻山、越江、跨海，让无数天堑变通途，向世界展示"中国桥梁"这张名片。这里主要介绍21世纪以来我国最牛的几座跨海大桥。

一、港珠澳大桥

港珠澳大桥东起香港国际机场附近的香港口岸人工岛，向西横跨南海伶仃洋水域接珠海和澳门人工岛，止于珠海洪湾立交。桥隧全长55千米，其中主桥29.6千米，香港口岸至珠澳口岸41.6千米。2018年10月24日投用。

二、舟山跨海大桥

舟山跨海大桥起自舟山本岛的329国道鸭蛋山的环岛公路，经舟山群岛中的里钓岛、富翅岛、册子岛、金塘岛至宁波镇海区，与宁波绕城高速公路和杭州湾大桥相连接。舟山跨海大桥跨4座岛屿，翻9个涵洞，穿2个隧道，全长约50千米。2009年12月25日投用。

三、胶州湾大桥

胶州湾大桥东起李村河互通，上跨胶州湾，中接红岛互通立交，西至黄岛东枢纽立交，线路全长 42.23 千米，桥梁全长 31.63 千米。2011 年 6 月 30 日投用。

四、杭州湾跨海大桥

杭州湾跨海大桥北起嘉兴市平湖立交，上跨杭州湾海域，南至宁波市庵东枢纽立交，线路全长 36 千米，桥梁总长 35.7 千米。2008 年 5 月 1 日投用。

模块练习 ◂

一、填空题

（1）斜拉桥由_____、_____、_____组成。

（2）悬索桥由_____、_____、_____、_____、_____、_____、_____组成。

（3）按照塔、梁、墩相互结合方式，斜拉桥的结构体系可划分为____、____、____、____。

（4）悬索桥按主缆的锚固形式可分为_____、_____。

二、简答题

（1）斜拉桥中塔梁固结、漂浮以及半漂浮体系各有何特点？

（1）斜拉索在索平面内的布置形式有哪些？

（3）简述悬索桥的组成。

（4）为什么说悬索桥是一种最适合大跨度的桥梁？

三、建模题

请依照案例的参数设置，构建一单索面斜拉桥模型。

模块四

效果展示与成果输出

项目一 布置渲染环境

【学习目标】

知识目标

（1）了解模型导入的常规方法；

（2）掌握模型材质的设置方法；

（3）掌握布置资产的方法。

能力目标

（1）能够将多种数据导入渲染软件；

（2）能够合理设置道路桥梁材质；

（3）能够合理布置资产。

素养目标

（1）培养建模思维；

（2）培养注重实践的务实意识；

（3）培养道路桥梁的艺术观和审美观。

任务一 导入模型

任务引入 ◂

将数维道路设计软件或其他软件建立的模型导入 FalconV 渲染器。

任务分析 ◂

当前主流 BIM 软件供应商所采用的数据格式均不相同，从模型建立到模型渲染通常有两种数据传递方法：一是直接在设计软件中将模型数据推送到渲染软件；二是在设计软件中将模型数据导出为某种格式数据，再通过渲染软件导入该格式数据。

知识储备 ◂

当前主流的道路桥梁 BIM 软件供应商有广联达、Autodesk、Bentley、Dassault 等，由于行业背景、设计定位和发展方向不同，各软件商的数据格式是不同的。因此，各厂商的数据在各自的产品内流转基本上无数据损失，但是在导出到其他软件时，往往需要通过插件形式导出。导出时模型的几何信息通常能正确导出，但是非几何信息通常会丢失。从建模软件导出数据到渲染软件通常采用".FBX"".SKP"".3DS"".OBJ"等格式。

任务实施 ◂

一、FalconV 基础

FalconV 是广联达旗下的一款支持光线追踪的实时建筑可视化平台。FalconV 可以无缝联动广联达 BIM、CIM 全业务线产品，无须烦琐耗时地进行导入、导出等数据流转操作，三维场景实时同步渲染，一键同步。FalconV 拥有丰富的材质库及本地化资产库，主打快速设计表达与高效视觉真实感渲染，呈现照片级实时漫游。

FalconV 界面简洁，常用工具汇总在工具栏和管理设置栏中，见图 4.1.1。

图 4.1.1　FalconV 界面

FalconV 操作简单，常规操作按键及效果，见表 4.1.1。

表 4.1.1　操作按键及效果

按键	效果
W/S/A/D	前/后/左/右
E/Q	上/下
F	聚焦选中物体
Z	充满视窗
Alt＋鼠标左键	环视物体
鼠标右键	旋转视角
按住滚轮	拖动平移
滚动滚轮	滚动缩放

二、导入数维道路设计模型

在安装好 FalconV for Groad（广联达数维道路设计软件）后，通过数维道路设计软件打开模型，点击三维工具，切换到三维视图，此时"文件"菜单下的渲染工具 变成高亮可用，点击该工具即可将数维道路设计模型数据推送到 FalconV，见图 4.1.2。

启动 FalconV 渲染程序后，当数维道路设计模型进行了修改时，点击刷新工具 ，可

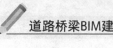

图 4.1.2　FalconV 渲染器

把当前三维视图的模型更新到 FalconV 渲染程序中。

三、导入其他格式模型

安装 FalconV for Groad 时，系统会自动安装 FalconV 独立版，在桌面找到其快捷方式打开后，在应用程序按钮 下拉列表中，选择"新建并导入"，可导入其他格式模型。目前支持".FBX"".SKP"格式。

任务总结 ◂

通过完成该任务，熟悉 FalconV 软件操作，了解了一般的数据流转模式，可以将数维道路设计数据或者其他格式数据导入 FalconV，为后续渲染和输出成果打下基础。

任务二　设置材质

任务引入 ◂

经过模块四项目一任务一的操作，"专用道路"模型已被导入，请在 FalconV 内对道路、桥梁模型赋予合适的材质。

任务分析 ◂

数维道路设计软件中的模型有默认材质，导入 FalconV 后模型材质仍然存在。模型渲染之前要对已有材质进行合理修改，以更贴近真实效果。

知识储备 ◂

无论道路、桥梁还是自然景观，都离不开各种各样的材料，在渲染软件中要表现出真实材料的质感，离不开用于模拟各种材料的材质。因此，调制常用材质也是必须学习的技能。现实中的材料有着各种各样不同的视觉特征，而这些视觉特征又可分解为颜色、反光性、折光性、透明度、发光度、表面粗糙程度、纹理以及结构等诸多要素。

任务实施 ◄

一、赋予材质

材质赋予功能可以帮助实现在场景内为模型赋予不同材质。单击 FalconV 资产库工具 ⊞，在弹出的数字资产库对话框内单击材质库 ⊕，切换到材质资产。通过标签以及搜索框快速筛选材质，也可以通过右侧资产详细信息面板快速筛选材质标签，查看相似资产，见图 4.1.3。

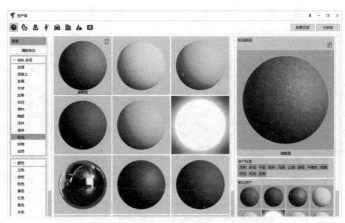

图 4.1.3 材质资产

在数字资产系统库内双击任意资产缩略图，FalconV 将自动切换到材质赋予工具（也可以通过单击材质赋予工具 ◆ 实现），并打开材质资产管理面板，资产将自动添加到材质资产管理面板内并自动选中，在希望赋予材质的模型上单击鼠标左键即可完成材质赋予。为提高替换材质的效率，可以对使用同样材质的模型快速批量赋予材质。通过工具属性面板切换为"对同材质物体"后，此时在希望赋予材质的模型上单击鼠标左键，可以让所有使用了同一材质的模型批量完成材质赋予。对道路路面赋予柏油路面材质，见图 4.1.4。（图中①、②、③为操作时鼠标的点击顺序。）

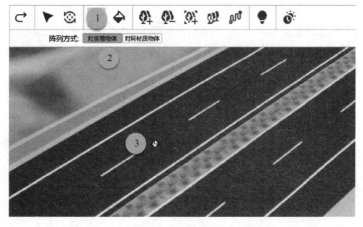

图 4.1.4 赋予材质

149

需要注意的是目前在 FalconV 内进行的材质编辑操作，不能反向同步到数维道路设计软件。

二、拾取材质

材质拾取功能可以用来快速复制场景内模型的材质，再复用材质到其他模型上。单击材质拾取工具 ✏，移动到场景内需要拾取材质的模型上，单击鼠标左键，此时材质资产管理面板内该模型所应用的材质将被选中。切换到材质赋予工具，将拾取的模型材质快速复用到其他模型上，见图 4.1.5。在使用材质赋予工具时，可以按下"Alt"键快速切换为材质拾取工具，以方便快速地在场景内拾取并赋予材质。

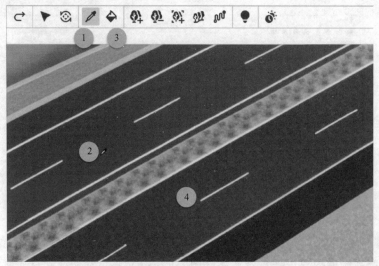

图 4.1.5　拾取材质

三、编辑材质

材质编辑功能可以用来更加精细地调整材质效果。单击材质资产管理工具内的材质资产，上方的材质编辑区域会出现多个模块，见图 4.1.6。在纹理模块内可以调节材质纹理的尺寸、偏移以及旋转。在质感模块内可以通过单击挡位快速切换材质的光泽质感，FalconV 提供从哑光到高亮的四个光泽挡位。可以单击高级参数工具 ⚙，调整材质质感的 Normal（法线强度）、Roughness（粗糙度）、Specular（高光度）、Metallic（金属度）四个高级参数。在颜色模块内通过调节材质固有色的 RGB 通道值来快速调节材质颜色。

"专用道路"模型各组成部分材质设置方法相同，本任务仅演示路面材质设置。

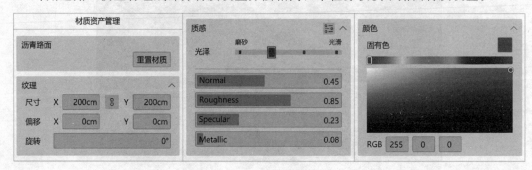

图 4.1.6　编辑材质

任务总结 ◄

通过完成该任务，掌握了材质的设置方法。材质设置没有统一的标准，以能体现真实效果为宜。

任务三 布置模型

任务引入 ◄

经过模块四项目一任务二的操作，"专用道路"模型材质已被优化，请根据自然地貌在FalconV中布置模型周边景观。

任务分析 ◄

查看自然地貌，根据预想的视点展示和动画漫游路径，布置道路周边的建筑、树木、花草等。

任务实施 ◄

一、布置与擦除模型

FalconV内置了丰富的数字资产库，目前可提供自然、物品、角色、载具、建筑、基本体等模型资产。

1. 布置模型

单击FalconV资产库工具▦，在弹出的数字资产库对话框上方的建筑资产🏢内，添加合适的建筑，资产将自动添加到模型资产管理面板内并自动切换到放置状态，在地形上合适位置放置建筑。单击移动旋转工具⊕，可以在场景内灵活地调整资产的位置和姿态，见图4.1.7。选中模型后可以在资产属性框内修改其参数。

在资产库内找到合适的草坪、树木，添加到模型资产管理面板。在布置功能的选项框内取消勾选"单独布置"，可以按设定的半径和密度放置模型。图4.1.8所示为自由布置草坪模型的界面。

图4.1.7 布置建筑模型

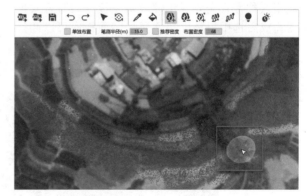

图4.1.8 自由布置草坪模型

2. 擦除模型

擦除工具可以用来移除场景内某一范围的资产。单击擦除工具🔧，默认不勾选"按选中资产删除"，在场景内移动鼠标可以看到高亮范围跟随鼠标移动，此时单击鼠标左键即可擦除范围内所有资产。FalconV 还支持擦除特定类型资产，勾选"按选中资产删除"后，在模型资产管理面板内选中希望擦除的资产缩略图，在场景内可以看到高亮范围跟随鼠标移动，此时在场景内单击鼠标左键即可擦除范围内选中的资产，未选中的资产不会被擦除。图 4.1.9 为擦除"鸡蛋花"树木模型，挖掘机并不会被擦除。

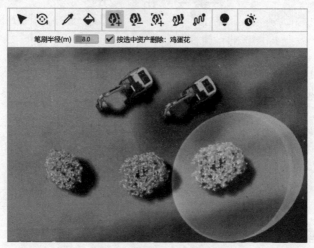

图 4.1.9 擦除"鸡蛋花"树木模型

此外，对于单个模型，可以切换到选择工具，选中场景内的资产后按下 Delete 键删除。

二、批量布置模型

1. 区域填充模型

区域填充工具可以用来在场景内指定某一区域，以指定的方式在区域内生成选定的资产。单击区域填充工具 📷 后选项框出现三种填充方式：平均填充、边缘填充和中心填充。平均填充方式是指将选定的资产平均散布在指定区域内，常使用这种方式完成植被在指定区域内的散布效果；边缘填充方式是指将选定的资产布置在指定区域的边缘处，常使用这种方式完成围栏等的布置效果；以中心填充方式是指将选定的资产布置在指定区域的中轴线处，常使用这种方式完成绿化带或防眩板等的布置效果。以中心填充方式布置植物见图 4.1.10。布置完成后选中植物，在"属性"面板内可以调整"间距"和"尺寸"参数。

图 4.1.10 区域填充模型

2. 线性阵列模型

线性阵列工具可以用来在场景内绘制线段，并在线段上按照给定的间距生成指定资产。单击线性阵列工具 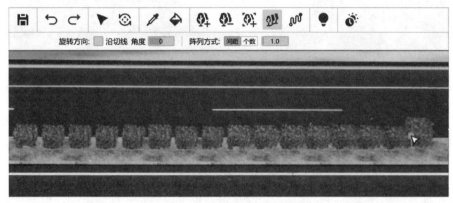，在模型资产管理面板内单击物品缩略图，在 FalconV 场景内移动鼠标可以看到资产以及红色坐标跟随鼠标移动，此时单击鼠标左键即可创建线性阵列起点，连续单击左键可以创建连续的折线，资产会在折线上按照给定的间距生成，单击鼠标右键完成布置，见图 4.1.11。布置过程中通过"［"")"键或者工具属性面板来控制资产生成的间距。

图 4.1.11　线性阵列模型

3. 布置自适应景观

FalconV 提供了一类特殊的景观资产——景观组团，这是一组由预设自然资产组合形成的景观组件模板，可以一键对区域范围进行造景工作，大幅提升效率。单击资产库工具，在弹出的数字资产库对话框内单击自然库分类，切换到自然资产，通过单击景观组团标签可查看景观组团资产，见图 4.1.12。

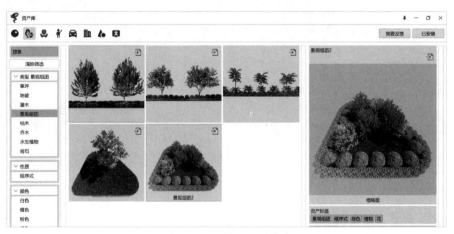

图 4.1.12　景观组团资产

将景观组团资产添加到模型资产管理面板，选中后切换到区域填充工具并单击场景内某个区域，即可在指定区域内依据景观组团模板自动生成一组预设的自然资产，见图 4.1.13。

4. 布置车流

创建车流时需要考虑车流参数，如是否反向、是否双向车道、车道数量、车道宽度等。单击路径布置工具，在 FalconV 场景内移动鼠标可以看到黄色锚点跟随鼠标移动，此时

图 4.1.13　布置自适应景观（自动生成自然资产）

单击鼠标左键即可创建车流路径起点，连续单击左键可以创建连续的路径，单击鼠标右键或按 Enter 键结束。单击车流锚点，通过拖拽方式可以更加精细地控制车流路径的造型。FalconV 默认显示车流路径，即使离开路径布置工具也会在场景内看到车流路径。如果不希望在场景内显示车流路径，可以取消勾选右上角的"显示车流路径"，见图 4.1.14。

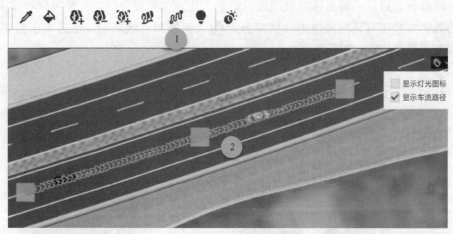

图 4.1.14　布置车流

三、添加文字标注

FalconV 支持在场景中添加文字标注说明。单击资产库工具，在弹出的数字资产库对话框内，单击文字标注分类，切换到文字标注资产。

将"简单屏幕标注"资产添加到模型资产管理面板，选中后切换到布置工具并单击场景内某个区域，即可在指定区域内创建文字标注说明，见图 4.1.15。

切换到选择工具，选中文字标注，在自动打开的"属性"面板内可以通过资产属性内的参数来设置文字标注的内容及形态。文字随场景漫游自动改变朝向，始终对准相机。

将"文字标注"资产添加到模型资产管理面板，选中后切换到布置工具并单击场景内某个区域，该资产可贴合任意表面上的布置形式，常用在道路表面标注道路名称，见图 4.1.16。

图 4.1.15　添加简单屏幕标注

图 4.1.16　添加文字标注

任务总结 ◂

通过完成该任务，了解了多种模型资产的布置方式。模型资产的布置中既要考虑工程项目的真实情况，又要考虑展示路径，需要合理布置。

项目二　输出渲染作品

【学习目标】

知识目标

（1）掌握视点的设置技巧；

（2）掌握规划漫游路径、镜头运动技巧。

能力目标

（1）能够合理设置鸟瞰视角和人视视角视点；

（2）能够合理规划漫游路径，设置镜头运动。

素养目标

（1）培养艺术感、空间感和运动感；

（2）培养精益求精的工作态度；

（3）培养爱岗敬业、严谨负责的职业精神。

任务一　输出视点作品

任务引入 ◂

经过模块四项目一的设置，"专用道路"模型的渲染场景已布置完毕。请在 FalconV 内创建合适的视点，再将视点导出为效果图或全景图。

任务分析 ◂

创建视点时需要调整相机到合适位置，将相机参数（如 FOV、两点透视、后处理等参数）、环境参数（如时间、太阳方向角、云量等参数）调整到理想场景后，再创建场景视点。

知识储备 ◂

设置视点需要掌握一些有关摄影构图和视角选择的知识，通过合理的构图和视角选择来突出道路与桥梁的特点和设计意图，通过选取一些有利于展示其美感和功能的视角，创造出兼具艺术张力和专业表现力的图片。

构图决定一张图的好坏，没有构图的作品是没有灵魂的。构图方式多种多样，针对不同的道路线形、桥梁桥型、地形地貌及周边建筑，摄影构图有三分点构图、三分线构图、对称式构图、引导线构图、对角线构图、框架式构图、三角形构图、垂直线构图、曲线构图等方法。

要精准传达出设计理念，输出好看的效果图，除了构图方式外还要考虑视角的选择，道桥场景效果图的角度的视角大概分为两种：鸟瞰视角和人视视角。鸟瞰视角用于展现道路桥梁和城市或地形的关系，适合展现大场景效果；人视视角是将人立于建筑物周围，从人眼观察角度和高度出发，适合展现小场景效果。

任务实施 ◂

一、创建及更新视点

调整好画面的位置，依次调整相机设置、环境设置、地面设置等，调整好参数后，单击图片渲染工具，在展开的高级视点管理面板中，可以添加、查看视点对应的缩略图。视点管理功能可以保存多个相机视点，且每个视点可以独立保存相机参数、环境参数，以便快速切换场景构图。调节相机位置、相机参数、环境参数后，右键单击更新视点的缩略图，在展开的菜单内单击"更新"即可完成视点信息的更新，见图 4.2.1。

图 4.2.1　创建及更新视点

二、导出视点

FalconV 可以将创建的视点直接导出为效果图或全景图。单击视点管理工具，在展开的高级视点管理面板，双击希望导出的视点并在效果图或全景图导出模块设置导出参数，设置完成后单击"渲染"按钮即可开始导出流程，见图4.2.2。

三、视点 AI 渲染

FalconV 提供了 AI 渲染图片的功能，单击 AI 图片渲染工具 ，单击任一视点，软件将该视点作为 AI 渲染创作的素材。在

图 4.2.2　视点导出参数设置

弹出的设置框内设置渲染参数与关键词，见图4.2.3。选择合适的关键词，或在描述框内输入若干关键词、句子，关键词用逗号隔开。造型选项控制了 AI 渲染的自由度，弱控制下 AI 渲染将更加侧重原场景，自由创意将更大释放 AI 的创作能力。

图 4.2.3　图片 AI 渲染

单击"AI 渲染"按钮开始 AI 渲染流程，AI 渲染在云端完成，渲染过程中可以继续使用 FalconV 软件，AI 渲染完成后将弹窗提醒。软件支持一次生成多张效果图，提高渲染效率，方便比较选择。

任务总结 ◂

通过完成该任务，熟悉了 FOV、两点透视、后处理等参数对效果图的影响，合理进行相机设置、环境设置、地面设置才能输出优秀的效果图。

任务二　输出动画作品

任务引入 ◂

经过模块四项目一的设置，"专用道路"模型的渲染场景已布置完毕。请在 FalconV 内创建合适的关键帧，输出展示"专用道路"、周边环境、车流的动画作品。

任务分析 ◄

"视频"即运动图像，由一系列的静态图像按一定的顺序排列组成，每一幅称为帧。创建多个关键帧，软件会自动在关键帧之间生成连续动画。

知识储备 ◄

创建漫游动画时需要细致地规划漫游路径、合理的镜头运动。在开始制作之前，头脑中应有最终要呈现的内容，将最终成果分解为多个关键帧，多次优化后形成漫游路径。运镜是通过摄像机的变化改变观众的视觉体验，在漫游动画中，丰富的运镜效果能够带来更好的视觉体验，使漫游动画更真实、流畅。漫游动画中常用8种运镜方式：推拉镜头、水平环绕运镜、垂直环绕运镜、平移镜头、焦点转移、垂直摇摄、镜头变焦、水平摇摄。

任务实施 ◄

一、创建动画与关键帧

单击动画制作工具 ⬛，可以展开动画模块。单击"添加动画"，再单击"添加关键帧片段"即可获得以当前视点为首尾帧的10s相机动画片段。可以将镜头移动到其他视角，或者直接通过视点管理模块快速切换视点，鼠标悬停在期望添加关键帧的位置上，单击紫色区域即可添加关键帧，见图4.2.4。

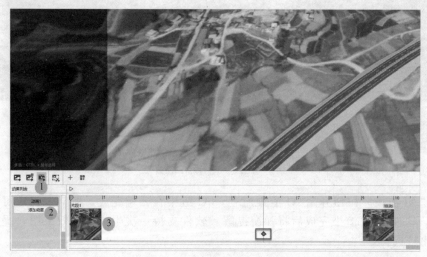

图4.2.4　创建动画与关键帧

重新调整视点内容后，鼠标悬停在关键帧缩略图，单击更新关键帧命令 🔄，即可更新该关键帧的内容；鼠标悬停在关键帧缩略图，按下鼠标左右拖拽移动关键帧的位置；可以通过移动关键帧的位置来修改动画片段的总时长、交换关键帧的顺序；鼠标悬停在关键帧缩略图，单击删除关键帧命令 ➖，即可删除该关键帧。

二、创建环视动画

FalconV提供了一键创建环视动画功能。基于当前屏幕视角及中心点，一键自动生成水平环视视角动画，支持调整动画时长和旋转方向，满足多样化的运镜需求。

单击动画制作工具 ，将需要环视的目标点调整至屏幕中心，点击"添加环视片段"即可获得 10s 顺时针旋转的环视动画片段，见图 4.2.5。

漫游到其他视点，或者直接通过视点管理模块快速切换视点，单击更新按钮或点击鼠标右键选择更新，即可更新该环视动画首帧；如果对环视动画的时长与旋转方向不满意，可以修改环视片段时长，勾选反向运动，动画将逆时针旋转。

图 4.2.5　创建环视动画

三、推送漫游路径

在数维道路设计软件的"文件"菜单下单击推送漫游路径工具 ，在弹出的对话框内选择漫游道路，设定好起终点桩号、速度等参数后，可推送漫游路径到 FalconV。切换到 FalconV 后，动画列表出现"专用道路路线"动画，见图 4.2.6。

图 4.2.6　推送漫游路径

图 4.2.7　导出动画（设置导出参数）

四、导出动画

在动画导出模块设置导出参数，设置完成后单击"渲染"按钮即可开始导出流程（图 4.2.7）。画面尺寸采用"1920×1080"即可。在开启极速模式下，如相机运动较快，可能会伴有小范围的拖尾残影。

动画作品的漫游路径是固定视角的，无法自由查看。FalconV 提供了演示模式，单击导出为演示模式工具 ，指定导出位置后等待导出流程完成。导出流程结束后，双击文件即可漫游渲染场景，演示模式可以按需调整相机参数、环境参数来调整展示效果。

该模式无须下载安装、登录账号，也无须安装资产或下载材质，只需一台配置达标的设备，即可漫步渲染场景的每一个角落。

任务总结 ◂

通过完成该任务，了解了输出动画作品要先创建关键帧，连接多帧图像生成动画。针对道路工程可以采用环视动画或漫游路径的方式快速创建动画。

拓展思考 ◂

景观一般分为两类：一类是生态景观，主要是指天然形成的各种地形、地貌，如平原、山地、草原、河流、海洋等景观；另一类是人文景观，主要是指为了满足人类的各种物质与精神需求而创造出的各种建筑、设施。公路工程中的景观设计主要是指通过设计使公路线形及附属建筑物具有美观的外形，并能够与周围天然生态环境充分地融合，进而构成一幅天然生态景观与人文景观相互融合的优美景色。

请欣赏海南环岛旅游公路沿途美景，提升审美素养，完善"专用道路"工程场景布置，优化漫游路径和运镜，输出更为优质的渲染作品。

模块练习 ◂

打开"创业大道"文件，使用 FalconV 完成以下任务。

（1）按需修改模型材质。

（2）灵活使用布置、区域填充、线性阵列等工具布置绿化带和道路外的景观。

（3）在行人等候区添加人物模型，使用景观自适应布置导流岛景观。

（4）布置直行和右转车流。

（5）输出创业大道鸟瞰图、人视视角的十字路口图。

（6）合理规划路径和镜头，输出创业大道渲染视频。

注：该文件可至 www.cipedu.com.cn，输入本书名下载。

模块五

实战演练

本实战演练案例为"专用道路"上的一座立交工程，是比较有代表性的项目，通过本实战演练案例可以复习前面所学的道路建模和桥梁建模的知识，同时还可拓展学习立交建模的方法。本实战演练完整地展示了工程建模的全过程，可帮助读者厘清实际工程整体建模思路。

一、工程案例

上述"专用道路"在图 5.1.1(a) 中所示的位置处有一座"专用立交"，"专用道路"是该立交的主线，还有 A、B、C、D、E 五条匝道线[图 5.1.1(b)]。请根据附录中的图纸（附图 4、附图 5）中提供的数据创建该立交模型，并进行效果展示。

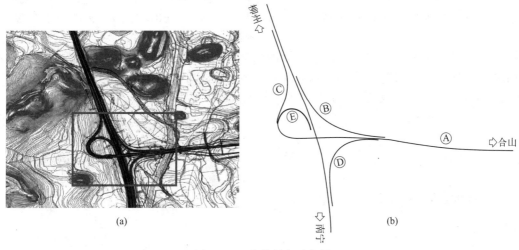

图 5.1.1 实战任务示意图

二、工作流程和思路

本工程建模的思路是先创建地形曲面，再进行道路建模，然后处理立交出入口，最后创建匝道桥，详细思路见图 5.1.2。

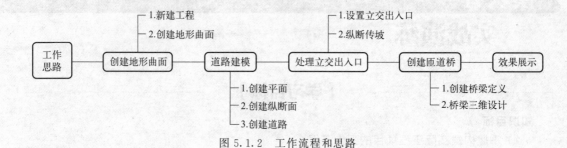

图 5.1.2　工作流程和思路

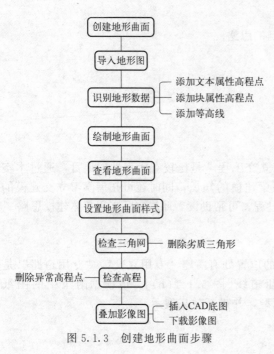

图 5.1.3　创建地形曲面步骤

三、创建地形曲面

本案例地形曲面采用前文创建的"专用道路"地形曲面，创建地形曲面的步骤见图 5.1.3，详细操作过程参考模块二的项目一任务一。

四、道路建模

由于"专用立交"的主线为"专用道路"，这里可直接引用，只需再创建匝道 A、B、C、D、E 即可。

1. 创建平面

采用"表格识别路线"法创建平面。首先将"专用立交"的"直线、曲线及转角表"转换成软件规定样式的 Excel 表格。然后点击"路线"菜单下的"表格识别路线"命令，弹出表格识别路线对话框，输入路线名称 A（图 5.1.4）；点击"Excel 文件导入"按钮，弹出"Excel 文件导入"对话框（图 5.1.5），"数据来源"选择制作好的 Excel 文件，点击"确定"后弹出数据表格（图 5.1.6），检查没有问题后点击"绘制路线"，弹出"编辑路线"对话框（图 5.1.7），填写相关信息后点击"确定"即可，路线绘制成功后会弹出"路线绘制成功"提示框。

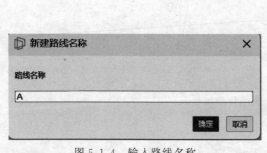

图 5.1.4　输入路线名称

图 5.1.5　"Excel 文件导入"对话框

以同样操作完成 B、C、D、E 匝道路线的识别。识别后的专用立交路线图见图 5.1.8。

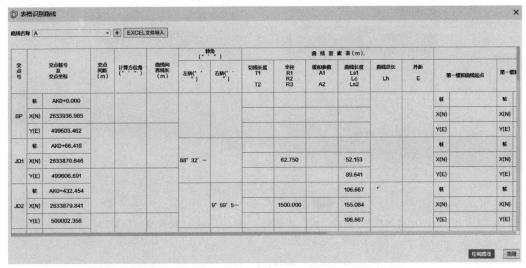

图 5.1.6 数据表格

图 5.1.7 "编辑路线"对话框

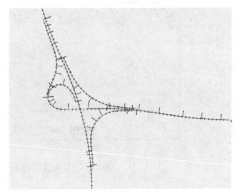

图 5.1.8 专用立交路线图

2. 创建纵断面

（1）提取自然纵断

点击"纵断"菜单下的"自然纵断"选项卡 中的"从地形提取"命令 ，弹出"设置路线"对话框（图 5.1.9），选择路线：A。弹出"设置地形"对话框（图 5.1.10），选择地形"专用道路地形曲面"，点击"完成"后弹出"纵断面特性"对话框 [图 5.1.11(a)]，对话框下方显示路线信息，切换到"高程数据"可查看 A 匝道自然纵断高程 [图 5.1.11(b)]。以同样操作，提取 B、C、D、E 匝道的自然纵断。

（2）创建设计纵断

点击"纵断"菜单下的"设计纵断"选项卡 中的"新建"命令 ，弹出"设置路线"对话框（图 5.1.12），选择线路：A。点击"完成"后弹出"纵断面特性"对话框（图 5.1.13），对话框下方显示路线信息，切换到"纵断数据"可查看 A 匝道纵断数据（图 5.1.14），默认只有起、终点的高程数据。

163

图 5.1.9 自然纵断"设置路线"对话框　图 5.1.10 "设置地形"对话框

(a)　　　　　　　　　　　　(b)

图 5.1.11 自然纵断"纵断面特性"对话框

图 5.1.12 设计纵断"设置路线"对话框　图 5.1.13 设计纵断"纵断面特性"对话框

以同样操作，创建 B、C、D、E 匝道的设计纵断，创建完成后可在左侧工程目录栏中查看路线纵断创建情况（图 5.1.15）。

（3）纵断拉坡

以 A 匝道为例，示范匝道拉坡。识读 A 匝道纵断面设计图，可知 A 匝道起点（桩号为 AK0+000 处）高程为 110.948m。JD1 处的桩号为 AK0+221，变坡点高程为 117.578m，竖曲线半径为 2000m。JD2 处的桩号为 AK0＋455，变坡点高程为 110.090m，竖曲线半径为 13500m。JD3 处的桩号为 AK0＋815，变坡点高程为 101.40m，竖曲线半径为 14000m。终点桩号为 AK1＋610，高程为 98.22m。

图 5.1.14　纵断数据选项卡

图 5.1.15　工程目录栏

点击"纵断"菜单下的"纵断拉坡"工具，提示：选择路线〈回车从列表中选择〉。回车选择匝道 A。提示：指定路段起点位置或输入起点桩号。这里从屏幕上指定 A 匝道起点。继续提示：指定路段终点位置或输入终点桩号。这里从屏幕上指定 A 匝道终点；弹出纵断拉坡对话框，点击右侧"拉坡方式"下的"定桩号拉坡"命令，命令框提示在纵断视图上选择变坡点，A 匝道有三个变坡点，这里采用先在纵断视图上任意指定三点（图 5.1.16），然后再"修改变坡点数据"（图 5.1.17）的方式创建设计纵断。

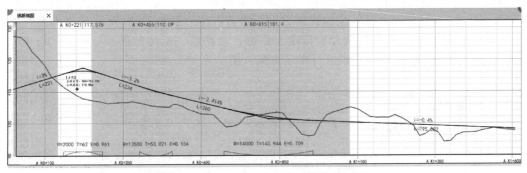

图 5.1.16　任意指定三点后的纵断视图

序号	桩号	变坡点标高	路面标高	竖曲线半径	前直线长	前坡(%)	后直线长	后坡(%)	外距	切线长	竖曲线长
0	K0+000	110.948					159.028	3			
1	K0+221	117.578	116.6168	2000	159.028	3	119.038	-3.2	0.961	62	124
2	K0+455	110.09	110.1941	13500	119.038	-3.2	166.091	-2.414	0.104	53.021	106.041
3	K0+815	101.4	102.1095	14000	166.091	-2.414	654.059	-0.4	0.709	140.944	281.889
4	K1+610.002	98.22			654.059	-0.4					

图 5.1.17　A 匝道变坡点数据

B、C、D、E 匝道的拉坡同上，其纵断面数据见图 5.1.18。

序号	桩号	变坡点标高	路面标高	竖曲线半径	前直线长	前坡(%)	后直线长	后坡(%)	外距	切线长	竖曲线长
0	K0+000	109.045					125.188	2.87			
1	K0+176.5	114.11	113.2314	1500	125.188	2.87	49.457	-3.975	0.878	51.334	102.667
2	K0+336.5	107.75	108.2828	3300	49.457	-3.975	109.07	-0.38	0.533	59.297	118.594
3	K0+504.867	107.111			109.07	-0.38					

B匝道

序号	桩号	变坡点标高	路面标高	竖曲线半径	前直线长	前坡(%)	后直线长	后坡(%)	外距	切线长	竖曲线长
0	K0+000	106.243					241.143	0.384			
1	K0+293.728	107.37	107.6992	4200	241.143	0.384	71.311	2.888	0.329	52.585	105.171
2	K0+417.602	110.948			71.311	2.888					

C匝道

序号	桩号	变坡点标高	路面标高	竖曲线半径	前直线长	前坡(%)	后直线长	后坡(%)	外距	切线长	竖曲线长
0	K0+000	109.419					136.321	-0.495			
1	K0+169.6	108.58	108.9373	1550	136.321	-0.495	53.169	3.801	0.357	33.279	66.559
2	K0+303	113.65	112.8605	1400	53.169	3.801	88.306	-2.915	0.789	47.009	94.018
3	K0+438.295	109.706			88.306	-2.915					

D匝道

序号	桩号	变坡点标高	路面标高	竖曲线半径	前直线长	前坡(%)	后直线长	后坡(%)	外距	切线长	竖曲线长
0	K0+000	110.948					87.336	-3.104			
1	K0+130.076	106.91	107.3672	2000	87.336	-3.104	55.268	1.172	0.457	42.761	85.522
2	K0+228.102	108.059			55.268	1.172					

E匝道

图 5.1.18　B、C、D、E 匝道纵断面数据

3. 创建道路

（1）创建板块。根据图纸创建板块方案，点击左侧方案下的"板块方案"，选择"公路"板块方案，选中已经创建的"专用道路"板块方案或者与 A 匝道板块接近的方案，右键复制新建（图 5.1.19）。选中新创建的板块方案，点击右键"编辑"，弹出"板块方案"对话框，方案名称为"A"，根据图纸分别修改土路肩、硬路肩、机动车道、分隔带、坡度、路面结构等数据（图 5.1.20），并设置行车道方案（图 5.1.21）。

由于 B、C、D、E 匝道横断数据相同，只需设置一个板块方案即可（图 5.1.22），其行车道方案见图 5.1.23。

（2）创建道路。以 D 匝道为例，点击"道路"菜单下的"创建"选项卡 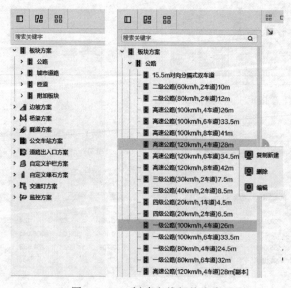 绘制道路 新建路段 创建，选择"新建路段"命令，弹出"方案选择"对话框（图 5.1.24），选择 B/C/D/E 匝道方案，命令行提示：选择道路或路线〈回车从列表中选择〉。回车选择 D 匝道，再次提示：指定路段起点位置或输入起点桩号。在屏幕上指定 D 匝道的起点，提示：指定路段终点位置或输入终点桩号。在屏幕上

图 5.1.19　创建主线板块方案

指定 D 匝道的终点，弹出"新建道路"对话框（图 5.1.25），确定生成 D 匝道。以同样操作创建 A、B、C、E 匝道道路。

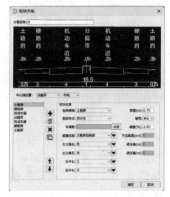

图 5.1.20 A 匝道板块方案

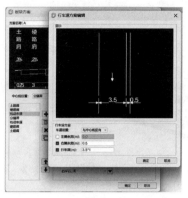

图 5.1.21 A 匝道板块行车道方案

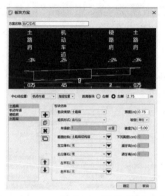

图 5.1.22 B/C/D/E 匝道板块方案

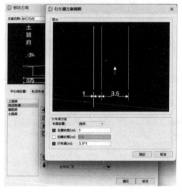

图 5.1.23 B/C/D/E 匝道板块行车道方案

图 5.1.24 D 匝道"方案选择"对话框

图 5.1.25 D 匝道"新建道路"对话框

五、处理立交出入口

1. 立交出入口形式

立交出入口根据其具体形式分为平行式出入口、指定鼻端位置的平行式出入口、直接式出入口、分岔/合流式出入口、对接式出入口。立交出入口包括的元素有：小鼻端、大鼻端

（有土路肩或人行道时）、主线偏置过渡段（可选）、匝道偏置过渡段（可选）、行车道拓宽段、路基拓宽段（有土路肩或人行道时），见图5.1.26。

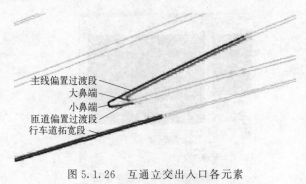

图5.1.26　互通立交出入口各元素

2. 设置立交出入口

根据本案例图纸信息设置出入口。这里的主线即为专用道路。

（1）设置主线与匝道C的出入口。点击"立交"菜单下的"创建"工具，弹出"互通立交连接部设计"对话框，拾取选择主线、匝道C，类型为出口，鼻端位置为直接式，自定义变速车道，减速车道长为150.164m，减速车道过渡段长为111.593m，其他采用默认值，见图5.1.27。

（2）设置主线与匝道B的出入口。点击"立交"菜单下的"创建"工具，弹出"互通立交连接部设计"对话框，拾取选择主线。该出入口的主线为"专用道路"，并拾取匝道B，类型为入口，鼻端位置为平行式，连接部行车道过渡，加速车道长为238.189m，加速车道过渡段长为90m，其他采用默认值，见图5.1.28。

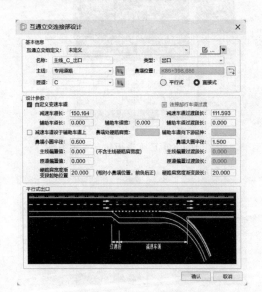

图5.1.27　主线-C"互通立交连接部设计"对话框

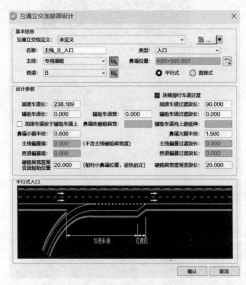

图5.1.28　主线-B"互通立交连接部设计"对话框

（3）设置匝道E与匝道C的出入口。点击"立交"菜单下的"创建"工具，弹出"互通立交连接部设计"对话框，拾取选择匝道E、匝道C，类型为对接，其他采用默认值，见图5.1.29。

（4）设置主线与匝道E的出入口。点击"立交"菜单下的"创建"工具，弹出"互通立交连接部设计"对话框，拾取选择主线，该出入口的主线为"专用道路"，并拾取匝道E，类型为入口，鼻端位置为平行式，自定义变速车道，加速车道长为240.008m，加速车道过渡段长为90m，其他采用默认值，见图5.1.30。

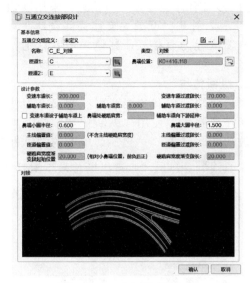

图 5.1.29 C-E "互通立交
连接部设计"对话框

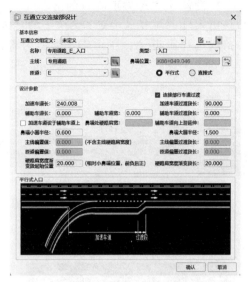

图 5.1.30 主线-E "互通立交
连接部设计"对话框

（5）设置主线与匝道 D 的出入口。点击"立交"菜单下的"创建"工具，弹出"互通立交连接部设计"对话框，拾取选择主线，该出入口的主线为"专用道路"，并拾取匝道 D，类型为出口，鼻端位置为直接式，自定义变速车道，减速车道长为 165.374m，减速车道过渡段长为 80m，其他采用默认值，见图 5.1.31。

（6）设置匝道 A 与匝道 B 的出入口。由于图纸上该出入口信息没有标注，采用默认值生成该出入口。点击"立交"菜单下的"创建"工具，弹出"互通立交连接部设计"对话框，拾取选择匝道 A、匝道 B，类型为出口，鼻端位置为直接式，其他采用默认值，见图 5.1.32。

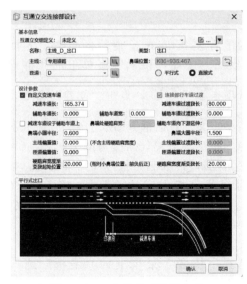

图 5.1.31 主线-D "互通立交
连接部设计"对话框

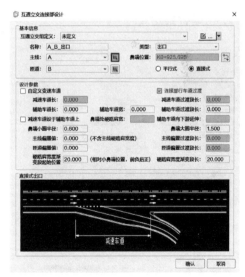

图 5.1.32 A-B "互通立交
连接部设计"对话框

（7）设置匝道 A 与匝道 D 的出入口。图纸上同样没有标注该出入口信息，采用默认值生成该出入口。点击"立交"菜单下的"创建"工具，弹出"互通立交连接部设计"对话框，拾取选择匝道 A、匝道 D，类型为入口，鼻端位置为直接式，其他采用默认值，见图 5.1.33。

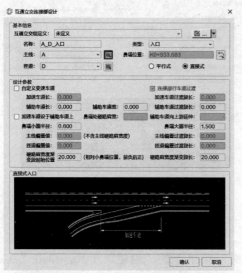

图 5.1.33 A-D "互通立交连接部设计"对话框

3. 纵断传坡

匝道两端需要和主线或引线相接，为使纵断接顺需要接坡。使用"纵断传坡"命令可实现接坡功能。点击"立交"菜单下的"纵断传坡"工具，弹出"匝道纵断传坡"对话框，拾取出入口，点击"确定"即可。主线-C 出入口"匝道纵断传坡"对话框见图 5.1.34。

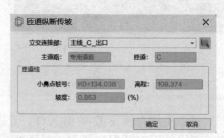

图 5.1.34 主线-C 出入口"匝道纵断传坡"对话框

六、创建匝道桥

A 匝道 K0+202.250 处有一座 A 匝道桥，全桥共 1 联，跨径组合为（4×25m）；斜交角度为-15°；上部结构采用先简支后连续的预制小箱梁；桥墩采用矩形盖梁柱式墩，墩径 1.0m；桥台采用肋板式桥台；基础采用钻孔灌注桩基础，桩径 1.0m。根据这些条件构建 A 匝道桥模型。

1. 创建桥梁定义

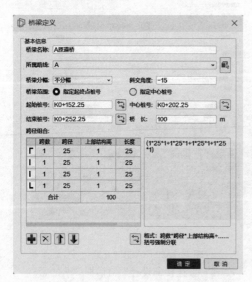

图 5.1.35 "桥梁定义"对话框

为了方便找寻 A 匝道桥的位置，先插入 DWG 底图。选择"桥涵"菜单下的"桥梁定义"选项卡，点击"创建"命令，弹出"桥梁定义"对话框（图 5.1.35）。拾取所属路线 A，桥梁不分幅，斜交角度为-15°（可测量斜交角度），拾取起始桩号和结束桩号，拾取桥梁跨径或直接设定桥梁跨径。确定后弹出"自动生成桥梁三维模型"对话框（图 5.1.36），选择小箱梁。

2. 桥梁三维设计

选择"桥涵"菜单下的"梁桥"选项卡，点击"三维设计"命令，弹出"选择桥梁"对话框（图 5.1.37）。

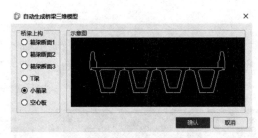

图 5.1.36　"自动生成桥梁三维模型"对话框

图 5.1.37　"选择桥梁"对话框

选择"A匝道桥",弹出"桥梁三维设计"对话框,上部结构采用默认小箱梁参数(图 5.1.38)。下部结构桥台采用肋板式桥台,斜交角度为－11°(图 5.1.39)。桥墩为桩柱一体式桥墩,斜交角度为－11°,墩柱直径为 1.0m,墩柱间距为 4.5m,中间墩柱位置可采用拾取方式确定,桥墩盖梁、支座用默认形式,承台/桩基础为无承台,桩径为 1.0m(图 5.1.40)。设置完 1 号墩后,点击应用到所有墩位 ⟳ ⟲ 应用到所有墩位 ▼,完成桥墩设计。确定后完成桥梁三维设计。

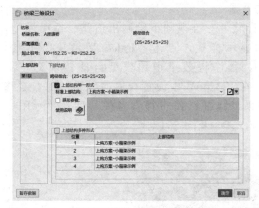

图 5.1.38　"桥梁三维设计"(上部结构)对话框

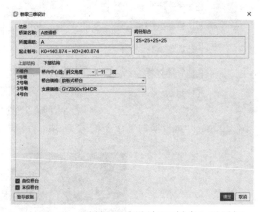

图 5.1.39　"桥梁三维设计"(桥台)对话框

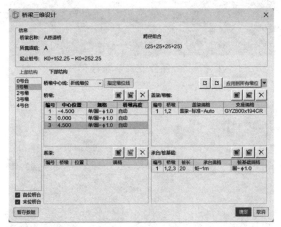

图 5.1.40　"桥梁三维设计"(桥墩)对话框

七、效果展示

1. 创建道路边坡

选择"边坡"菜单下的"自定义放坡"选项卡（图5.1.41），点击"自由放坡"命令放坡，详细操作过程参考模块二。对于交叉口处的边坡再用"相邻边坡处理"命令处理一下即可。

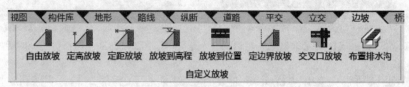

图 5.1.41 "自定义放坡"选项卡

图 5.1.42 "地形挖洞"命令

2. 地形挖洞

选择"地形"菜单下的"编辑"选项卡，选择"地形挖洞"命令（图5.1.42），选择"道路边界挖洞"即可。对于一些挖不掉的区域可结合"曲线挖洞"进行处理。

3. 渲染输出效果图

在数维道路设计软件三维视图下绘制出道路、桥梁模型，调整地形为合适的显示样式，点击"FalconV渲染"工具，启动 FalconV 程序，程序将数维道路模型自动转换为 FalconV 高精度模型，在 FalconV 中设置合适的材质、视点、路径等，输出渲染成果，详细操作过程参考模块四，"专用立交"渲染成果见图5.1.43及图5.1.44。

图 5.1.43 "专用立交"渲染效果图（一）

图 5.1.44 "专用立交"渲染效果图（二）

拓展思考 ◂

"十四五"规划以来，"加快数字化发展，建设数字中国"成为各行各业发展的风向标，实现数字化转型升级是数字经济发展和产业质量提升的现实需要，是工程建设行业做大做强的必经之路。

在工程建设过程中有效应用 BIM 技术，利用数字化三维效果及时复核工程图纸中的问题，对施工工序进行优化，是推进工程建设行业数字化转型的战略性选择，也是精细化管理、提质升级的新路径，更是迈向施工智慧化的必经之路。"未来已来，将至已至"，结合专业谈谈你对"信息化、自动化、智能化"的理解。

模块练习 ◂

建模题：请根据图纸信息构建图框所示位置的道路桥梁模型（图 5.1.45）。

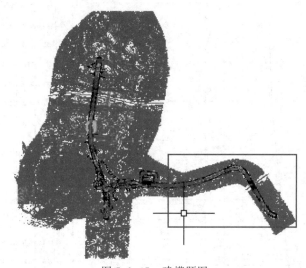

图 5.1.45 建模题图

专用道路纵断面图1

附图 1　专用道路纵断面图

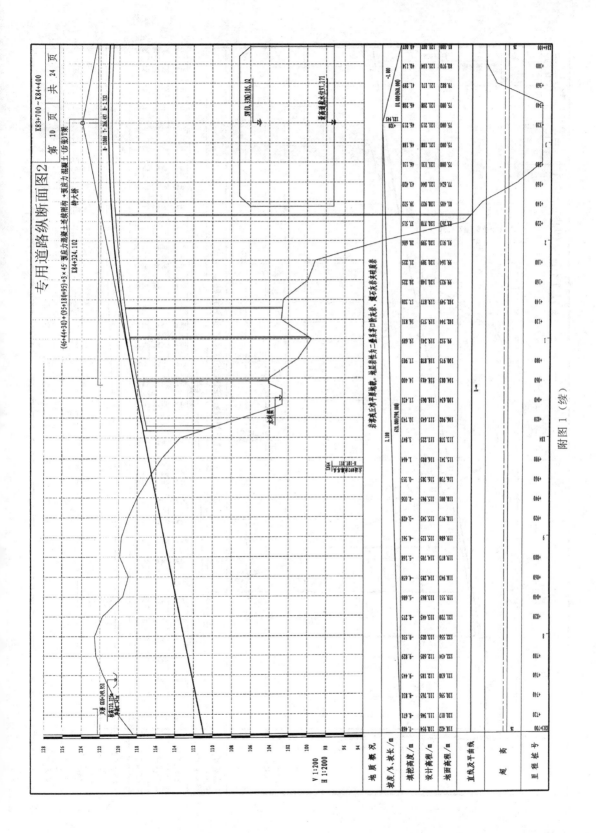

附图 1（续）

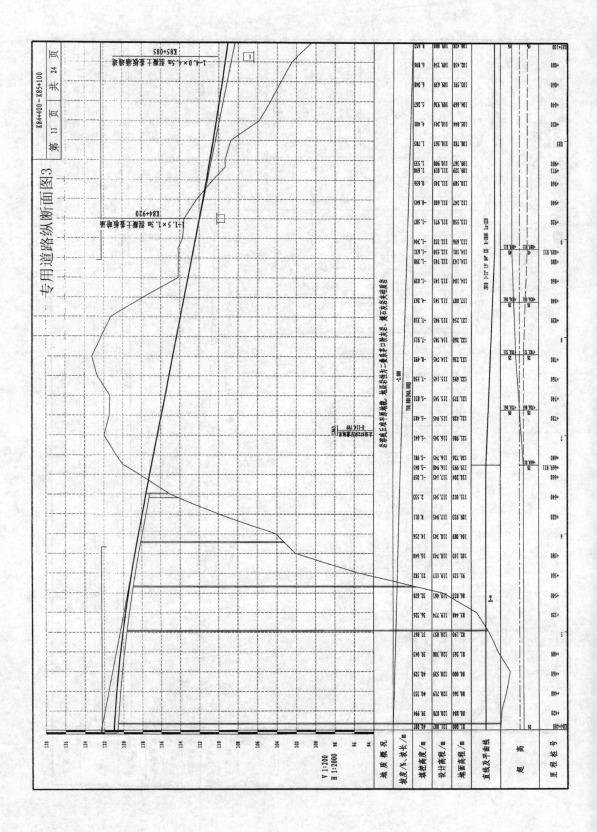

专用道路路路纵断面图3

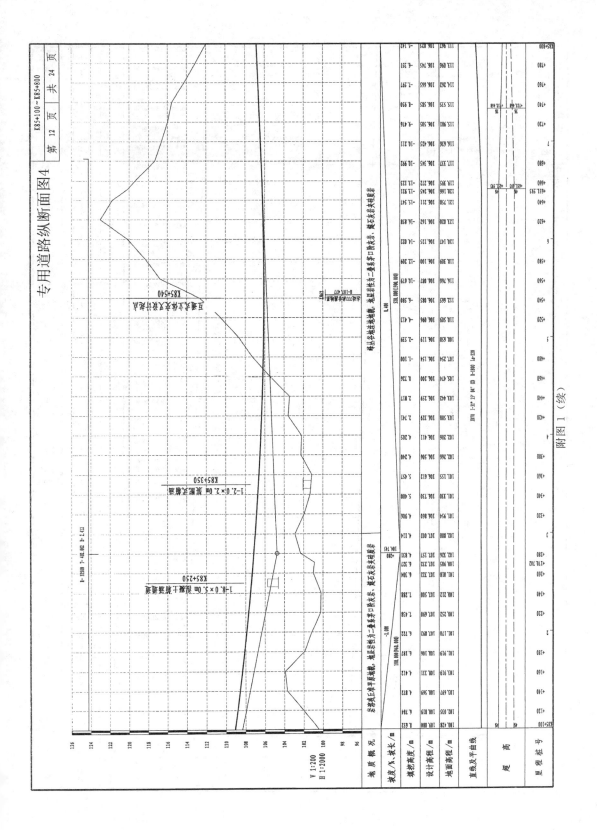

专用道路纵断面图4

附图 1（续）

177

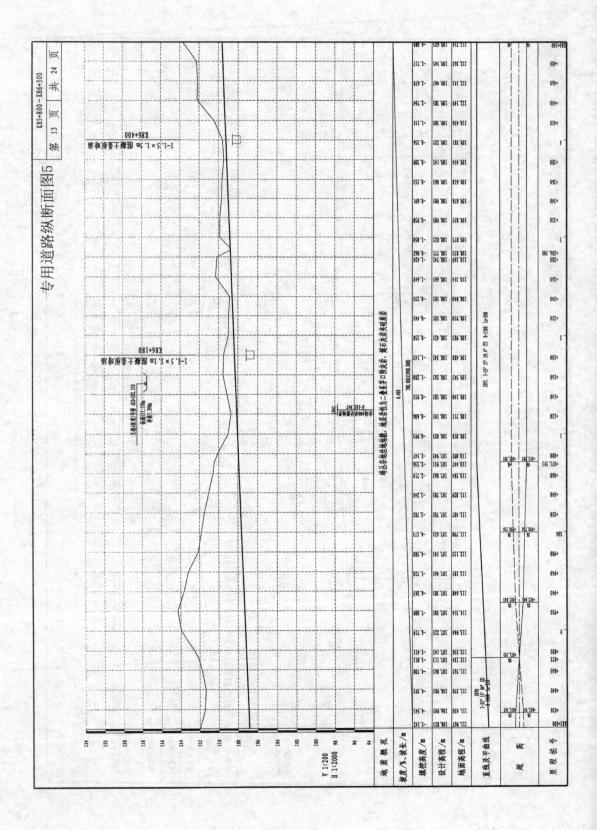

专用道路纵断面图5

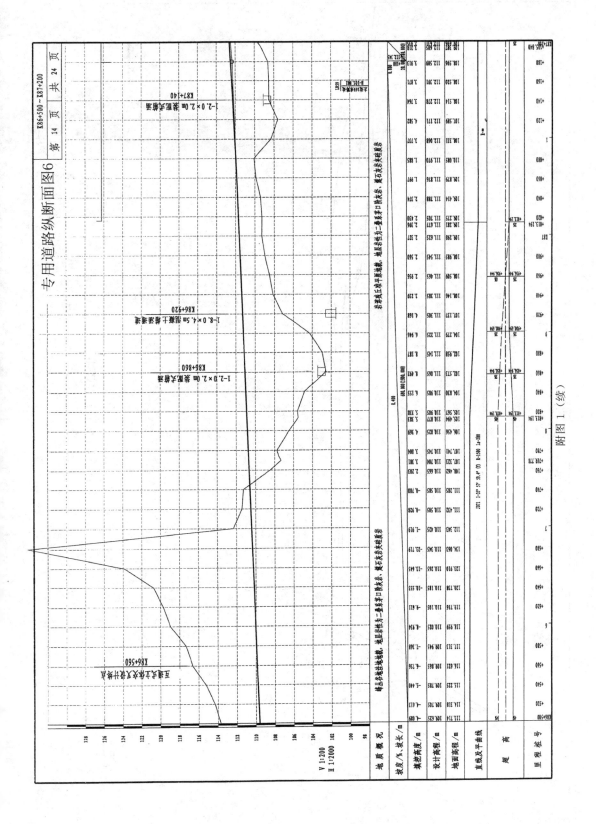

专用道路纵断面图6

附图 1（续）

179

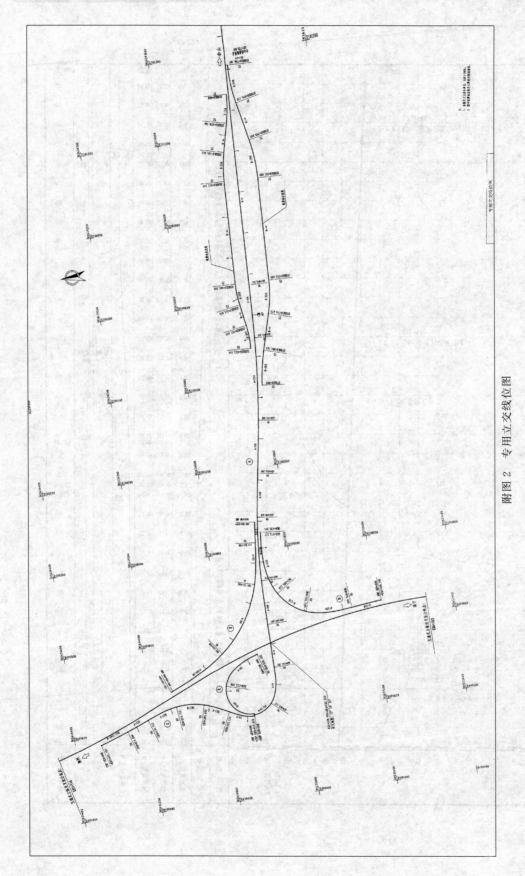

附图 2 专用立交线位图

第 1 页　共 4 页

交点号		交点桩号及交点坐标	交点间距/m	计算方位角	曲线间直线长/m	转角	切线长度/m T_1 T_2	半径/m R_1 R_2 R_3	缓和参数 A_1 A_3	曲线长度/m L_{s1} L_c L_{s2}	曲线总长/m L_h	外距/m E	曲线主点位置：第一缓和曲线起点		第一缓和曲线终点及圆曲线起点		圆曲线中点		第二缓和曲线起点及圆曲线终点		第二缓和曲线终点		备注
		主线																					
JD9	桩	K85+283.545											桩	K84+669.811	桩	K84+889.811	桩	K85+270.702	桩	K85+651.593	桩	K85+871.593	
	N	2634699.025				31°15′04″(Z)	613.734 613.734	1800	629.285 629.285	220 761.782 220	1201.782	70.240	N	2635306.629	N	2635088.276	N	2634708.218	N	2634338.67	N	2634134.693	
	E	499432.507											E	499519.038	E	499492.467	E	499502.142	E	499591.426	E	499673.75	
JD10	桩	K86+458.833	1200.975	156°51′14.7″	0								桩	K85+871.593	桩	K86+071.593	桩	K86+442.393	桩	K86+813.194	桩	K87+013.194	
	N	2633594.721				35°57′59.4″(Y)	587.241 587.241	1500	547.723 547.723	200 741.601 200	1141.601	78.2122	N	2634134.693	N	2633949.127	N	2633587.683	N	2633218.034	N	2633022.12	
	E	499904.579											E	499673.75	E	499748.244	E	499826.685	E	499814.299	E	499774.271	
JD11	桩	K87+951.741	1525.788	192°49′14.1″	516.022								桩	K87+529.215	桩	K87+809.215	桩	K87+950.416	桩	K88+091.618	桩	K88+371.618	
	N	2632106.971				12°53′21.5″(Z)	422.526 422.526	2500	836.66 836.66	280 282.403 280	842.403	17.213	N	2632518.963	N	2632244.87	N	2632105.059	N	2631964.363	N	2631684.445	
	E	499566.009											E	499659.767	E	499602.75	E	499583.116	E	499571.405	E	499566.516	
		A 匝道																					
BP	桩	AK0+000																					
	N	2633936.985																					
	E	499603.462																					
JD1	桩	AK0+066.418	66.418	177°12′50.2″	0								桩		桩	AK0+000	桩	AK0+026.077	桩	AK0+052.153	桩	AK0+141.795	
	N	2633870.646				88°32′42.8″(Z)	66.418 105.113	62.75	75	52.153 89.641	141.795	28.522	N		N	2633936.985	N	2633911.942	N	2633891.681	N	2633873.088	
	E	499606.691											E		E	499603.462	E	499610.028	E	499626.145	E	499711.775	
JD2	桩	AK0+432.454	395.772	88°40′07.4″	106.092								桩	AK0+247.887	桩	AK0+354.554	桩	AK0+432.096	桩	AK0+509.638	桩	AK0+616.304	
	N	2633879.841				9°59′53.3″(Y)	184.567 184.567	1500	400 400	106.667 155.084 106.667	368.417	6.045	N	2633875.553	N	2633876.767	N	2633873.808	N	2633866.85	N	2633852.029	
	E	500002.356											E	499817.839	E	499924.492	E	500001.969	E	500079.19	E	500184.815	
JD3	桩	AK0+845.612	413.878	98°40′00.7″	0								桩	AK0+616.304	桩	AK0+745.028	桩	AK0+845.323	桩	AK0+945.619	桩	AK1+074.342	
	N	2633817.474				8°01′44.7″(Z)	229.308 229.308	2350	550 550	128.723 200.591 128.723	458.038	6.075	N	2633852.029	N	2633833.795	N	2633823.529	N	2633817.53	N	2633814.922	
	E	500411.505											E	500184.815	E	500312.237	E	500411.998	E	500512.106	E	500640.799	
EP	桩	AK1+610	764.966	90°38′16″	535.658																		
	N	26633808.959																					
	E	501176.423																					

编制：　　　　　　　　复核：　　　　　　　　审核：

附图 3　直线、曲线及转角表（专用立交）

曲线要素表

交点号	交点桩号及交点坐标（桩 / N / E）	交点间距/m	计算方位角	曲线间直线长/m	转角	切线长度/m（T_1 / T_2）	半径/m（R_1 / R_2 / R_3）	缓和参数（A_1 / A_3）	曲线长度/m（L_{s1} / L_c / L_{s2}）	曲线总长/m（L_h）	外距/m（E）	第一级缓和曲线起点（桩 / N / E）	第一级缓和曲线终点及圆曲线起点（桩 / N / E）	圆曲线中点（桩 / N / E）	第二级缓和曲线起点及圆曲线终点（桩 / N / E）	第二级缓和曲线终点（桩 / N / E）	备注
B匝道																	
BP	BK0+000 / 2633874.807 / 500068.84																
JD1	BK0+016.806 / 2633876.623 / 500052.132	16.806	276°12′13.7″	0	0°57′46.4″(Z)	16.806 / 33.612	1500	275	0 / 50.417	50.417	0.094	BK0+000 / 2633874.807 / 500068.84	BK0+000 / 2633874.807 / 500068.84	BK0+000 / 2633874.807 / 500068.84	BK0+000 / 2633874.807 / 500068.84	BK0+050.417 / 2633879.693 / 500018.661	
JD2	BK0+283.623 / 2633900.995 / 499786.43	266.818	275°14′27.3″	0	61°36′47.3″(Y)	233.206 / 259.178	300	175 / 220.185	102.083 / 190.762 / 161.604	454.449	52.238	BK0+050.417 / 2633879.693 / 500018.661	BK0+152.500 / 2633894.744 / 499917.826	BK0+247.881 / 2633933.523 / 499831.124	BK0+343.262 / 2633997.463 / 499760.889	BK0+504.866 / 2634139.311 / 499684.554	
EP	AK0+504.866 / 2634139.311 / 499684.554	259.178	336°51′14.7″	0													
C匝道																	
BP	CK0+000 / 2634334.719 / 499580.359																
JD1	CK0+053.783 / 2634283.385 / 499596.4	53.783	162°38′50.3″	0	3°18′35.1″(Z)	53.783 / 80.96	1811.75	330	74.604 / 60.108	134.712	0.798	CK0+000 / 2634334.719 / 499580.359	CK0+074.604 / 2634263.989 / 499604.604	CK0+037.302 / 2634299.232 / 499591.851	CK0+074.604 / 2634263.989 / 499604.07	CK0+134.712 / 2634207.632 / 499624.968	
JD2	CK0+251.242 / 2634098.597 / 499666.087	197.491	159°20′15.2″	0	46°05′18.9″(Y)	116.53 / 111.189	180	120 / 110	80 / 71.18 / 67.222	218.403	16.981	CK0+134.712 / 2634207.632 / 499624.968	CK0+214.712 / 2634131.063 / 499647.533	CK0+250.302 / 2634095.559 / 499648.937	CK0+285.892 / 2634060.47 / 499643.34	CK0+353.114 / 2633998.178 / 499618.349	
JD3	CK0+396.676 / 2633958.836 / 499599.646	154.751	205°25′34.1″	0	28°12′43.9″(Z)	43.562 / 22.011	65.5	65	64.504 / 0	64.504	3.599	CK0+353.115 / 2633998.178 / 499618.349	CK0+417.618 / 2633936.851 / 499600.715	CK0+417.618 / 2633936.851 / 499600.715	CK0+417.618 / 2633936.851 / 499600.715	CK0+417.618 / 2633936.851 / 499600.715	
EP	CK0+417.618 / 2633936.851 / 499600.715	22.01	177°12′50.2″	0													

曲线要素表

交点号		交点桩号及交点坐标	交点间距/m	计算方位角	曲线间直线长/m	转角	切线长度/m T_1 T_2	半径/m R_1 R_2 R_3	缓和参数 A_1 A_3	曲线长度/m L_{s1} L_c L_{s2}	曲线总长/m L_h	外距/m E	第一缓和曲线起点	第一缓和曲线终点及圆曲线起点	圆曲线中点	第二缓和曲线起点及圆曲线终点	第二缓和曲线终点	备注
		D段道																
BP	桩	DK0+000																
	N	2633582.562																
	E	499839.485																
JD1	桩	DK0+025.481	25.481	355°04′27.2″	0	1°26′52.9″(Z)	25.481	1512.3	340	0	76.44	0.215		DK0+000	DK0+000	DK0+000	DK0+076.440	
	N	2633607.949					50.962			76.44				2633582.562	2633582.562	2633582.562	2633658.595	
	E	499837.297												499839.485	499839.485	499839.485	499831.639	
JD2	桩	DK0+304.751	279.272	353°37′34.3″	0	101°36′08.3″(Y)	228.311	130	124	118.277	361.855	86.411	DK0+076.440	DK0+194.717	DK0+237.467	DK0+280.218	DK0+438.295	
	N	2633885.495					236.781	1500	150	85.501			2633658.595	2633775.694	2633812.876	2633841.379	2633863.918	
	E	499806.293								158.077			499831.639	499836.34	499857.046	499888.649	500042.089	
EP	桩	DK0+438.295	236.781	95°13′42.6″														
	N	2633863.918																
	E	500042.089																
		E段道																
BP	桩	EK0+000																
	N	2633937.119																
	E	499606.209																
JD1	桩	EK0+488.636	488.636	357°12′50.2″	0	164°52′09.2″(Y)	488.636	60	85	112.54	228.102	432.306		EK0+000	EK0+056.270	EK0+112.540	EK0+228.102	
	N	2634425.177					540.859	1488.25		115.562				2633937.119	2633986.63	2633998.076	2633910.547	
	E	499582.458												499606.209	499628.336	499681.345	499748.846	
EP	桩	EK0+228.102	540.859	162°04′59.4″														
	N	2633910.547																
	E	499748.846																

附图 3（续）

交点号	交点桩号及交点坐标		交点间距/m	计算方位角	曲线间直线长/m	转角	曲线要素表：切线长度/m T_1 T_2	半径/m R_1 R_2 R_3	缓和参数 A_1 A_3	曲线长度/m L_{s1} L_c L_{s2}	曲线总长/m L_h	外距/m E	曲线主点位置：第一缓和曲线起点		第一缓和曲线终点及圆曲线起点		圆曲线中点		第二缓和曲线起点及圆曲线终点		第二缓和曲线终点		备注
	收费站左边线																						
BP	桩	SZBXK0+000																					
	N	2633814.988																					
	E	501106.486																					
JD1	桩	SZBXK0+035.471	35.471	270°38′16″	0								桩		桩	SZBXK0+000	桩	SZBXK0+035.353	桩	SZBXK0+070.706			
	N	2633815.383				11°26′38.2″(Y)	35.471 35.471	354		70.706	70.706	1.773	N		N	2633814.988	N	2633817.145	N	2633822.807			
	E	501071.017											E		E	501106.486	E	501071.214	E	501036.332			
JD2	桩	SZBXK0+177.114	141.879	282°04′54.2″	70.937								桩		桩	SZBXK0+141.643	桩	SZBXK0+176.996	桩	SZBXK0+212.349			
	N	2633845.079				11°26′38.1″(Z)	35.471 35.471	354		70.706	70.706	1.773	N		N	2633837.655	N	2633843.318	N	2633845.474			
	E	500932.281											E		E	500966.966	E	500932.085	E	500896.812			
JD3	桩	SZBXK0+488.193	311.318	270°38′16″	250								桩		桩	SZBXK0+462.349	桩	SZBXK0+488.111	桩	SZBXK0+513.874			
	N	2633848.545				11°21′16.3″(Z)	25.847 25.847	260		51.525	51.525	1.282	N		N	2633848.257	N	2633847.268	N	2633843.738			
	E	500620.982											E		E	500646.828	E	500621.095	E	500595.586			
JD4	桩	SZBXK0+594.723	106.696	259°16′59.7″	51.746								桩		桩	SZBXK0+565.620	桩	SZBXK0+594.587	桩	SZBXK0+623.554			
	N	2633828.704				13°32′54.1″(Y)	29.103 29.103	245		57.934	57.934	1.722	N		N	2633834.116	N	2633830.422	N	2633830.142			
	E	500516.147											E		E	500544.742	E	500516.029	E	500487.08			
EP	桩	SZBXK0+623.554	29.103	272°49′53.8″	0																		
	N	2633830.142																					
	E	500487.08																					
	收费站右边线																						
BP	桩	SYBXK0+000																					
	N	2633813.366																					
	E	500395.721																					
JD1	桩	SYBXK0+042.492	42.492	95°01′33.3″	0								桩		桩	SYBXK0+000	桩	SYBXK0+042.381	桩	SYBXK0+084.762			
	N	2633809.644				10°07′03.8″(Y)	42.492 42.492	480		84.762	84.762	1.877	N		N	2633813.366	N	2633807.795	N	2633798.543			
	E	500438.05											E		E	500395.721	E	500437.721	E	500479.066			
JD2	桩	SYBXK0+215.399	173.129	105°08′37.2″	89.911								桩		桩	SYBXK0+174.673	桩	SYBXK0+215.181	桩	SYBXK0+255.689			
	N	2633764.415				14°30′21.1″(Z)	40.726 40.726	320		81.016	81.016	2.581	N		N	2633775.055	N	2633766.972	N	26633763.962			
	E	500605.166											E		E	500565.855	E	500605.521	E	500645.889			
JD3	桩	SYBXK0+553.004	338.04	90°38′16″	250								桩		桩	SYBXK0+505.689	桩	SYBXK0+552.774	桩	SYBXK0+599.858			
	N	2633760.653				13°50′04.3″(Z)	47.314 47.314	390		94.169	94.169	2.860	N		N	2633761.179	N	2633763.495	N	2633771.454			
	E	500943.185											E		E	500895.874	E	500942.873	E	500989.25			
JD4	桩	SYBXK0+743.453	190.91	76°48′11.7″	96.281								桩		桩	SYBXK0+696.139	桩	SYBXK0+743.223	桩	SYBXK0+790.307			
	N	2633804.236				13°50′04.2″(Z)	47.314 47.314	390		94.169	94.169	2.860	N		N	2633793.435	N	2633801.394	N	2633803.71			
	E	501129.053											E		E	501082.988	E	501129.366	E	501176.365			
EP	桩	SYBXK0+790.307	47.314	90°38′16″	0																		
	N	2633803.71																					
	E	501176.365																					

附图 3（续）

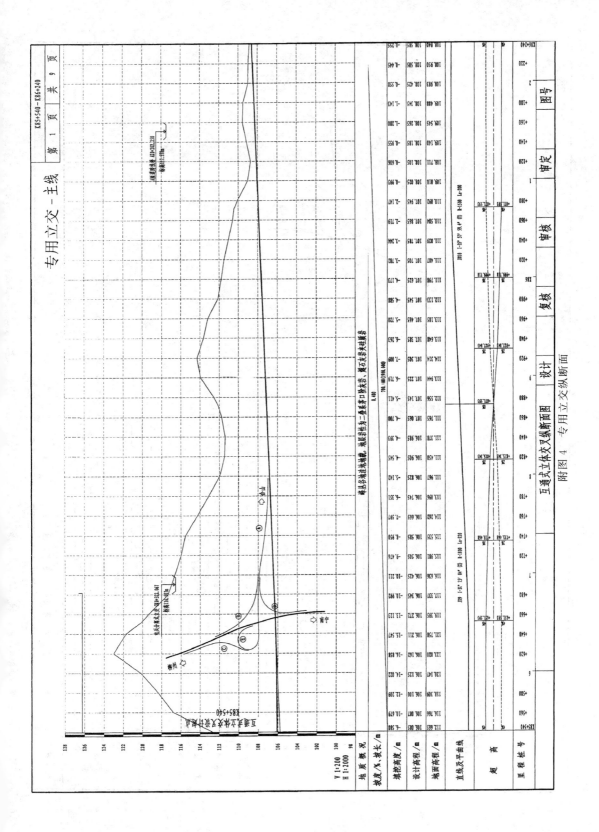

附图 4　专用立交纵断面

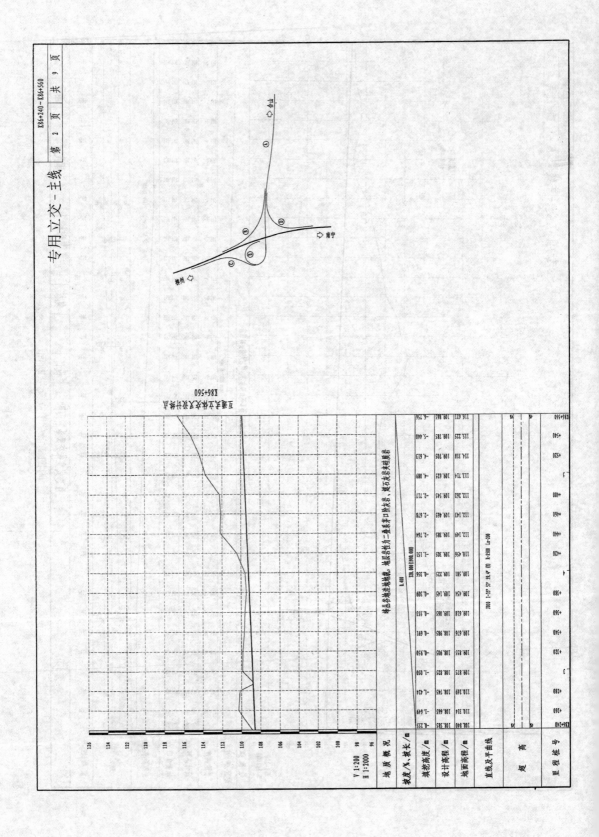

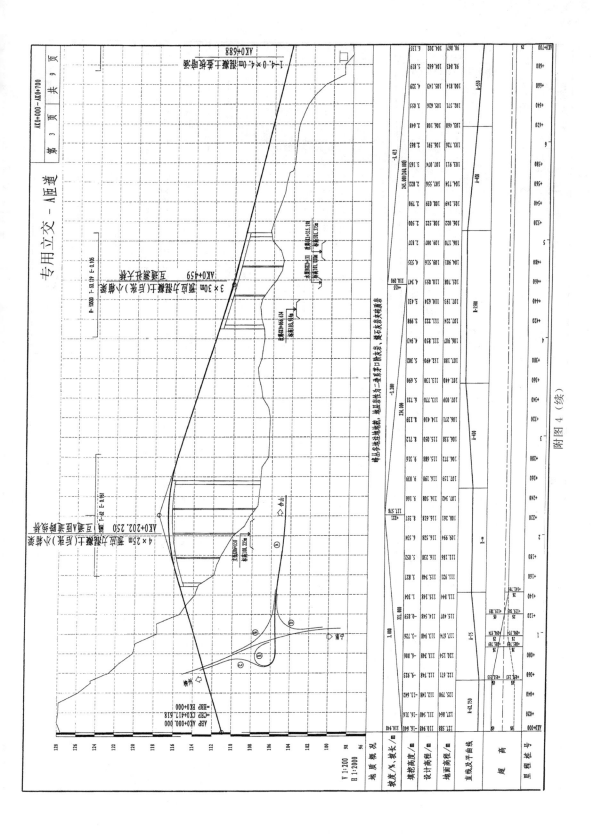

附图 4（续）

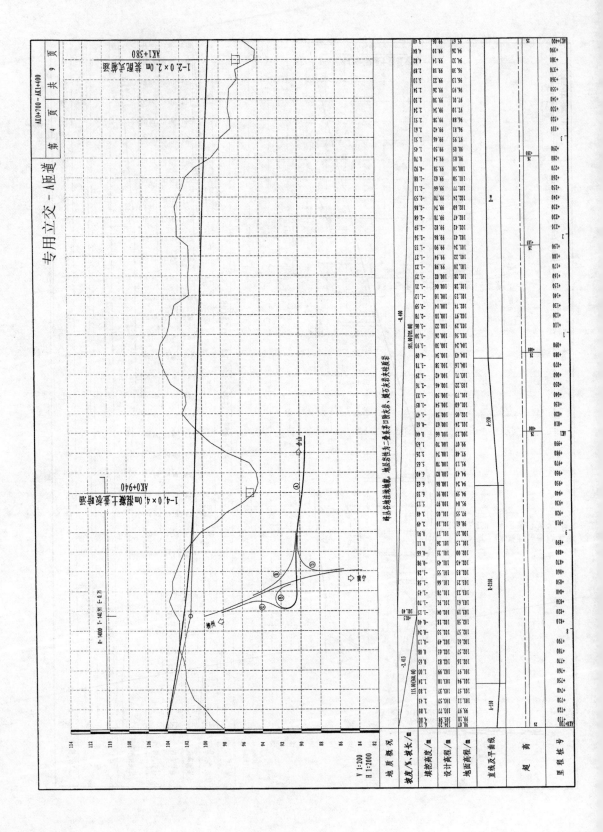

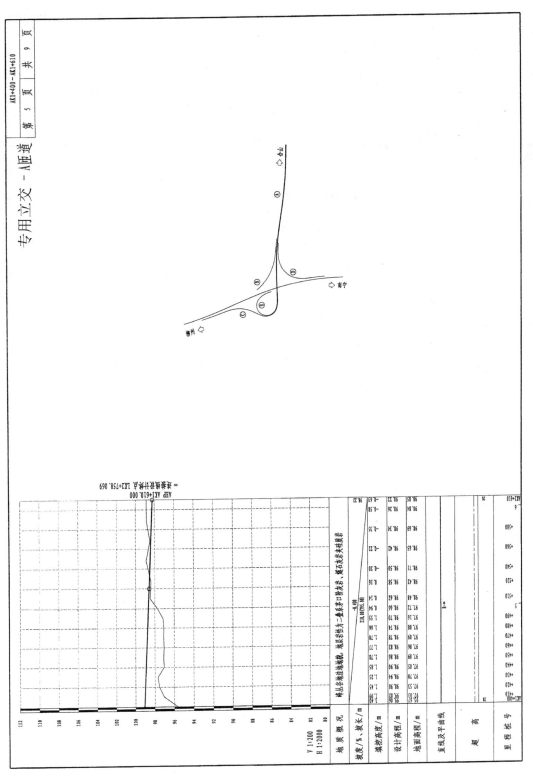

附图 4（续）

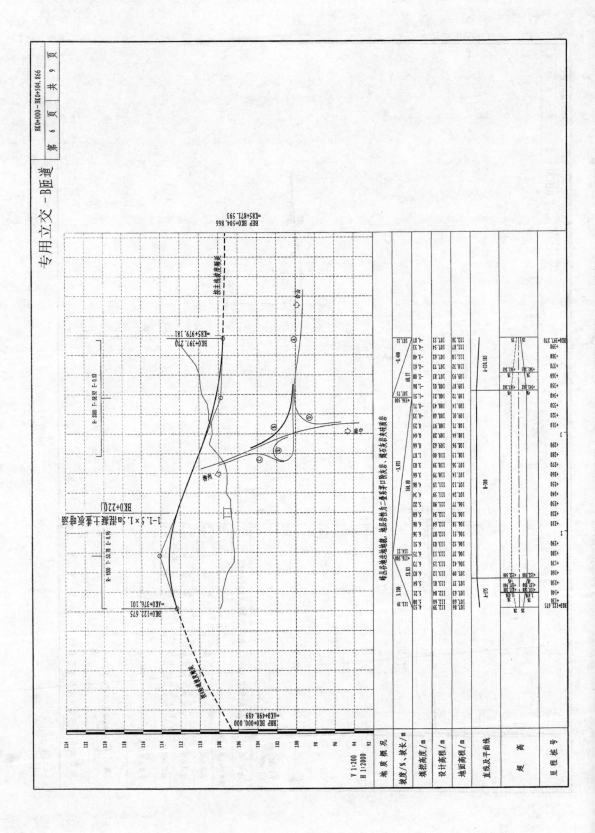

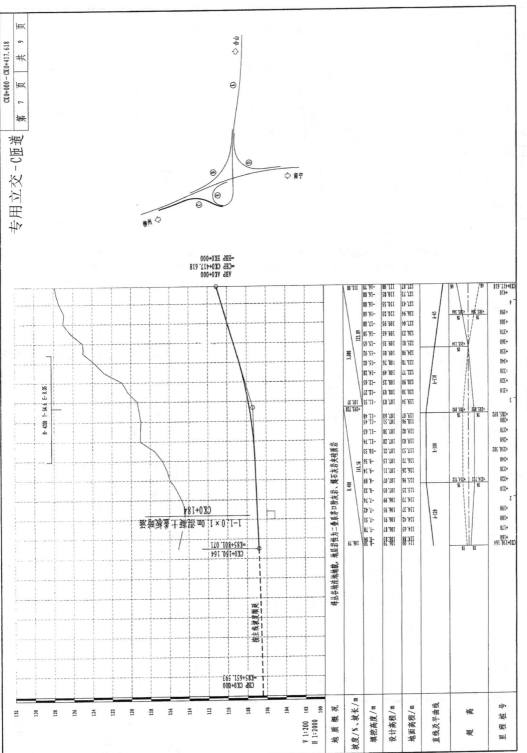

附图 4（续）

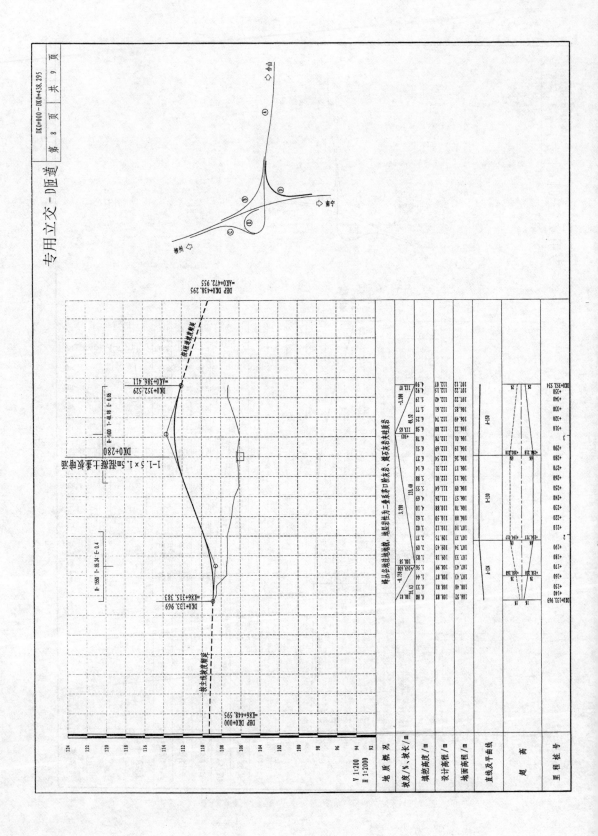

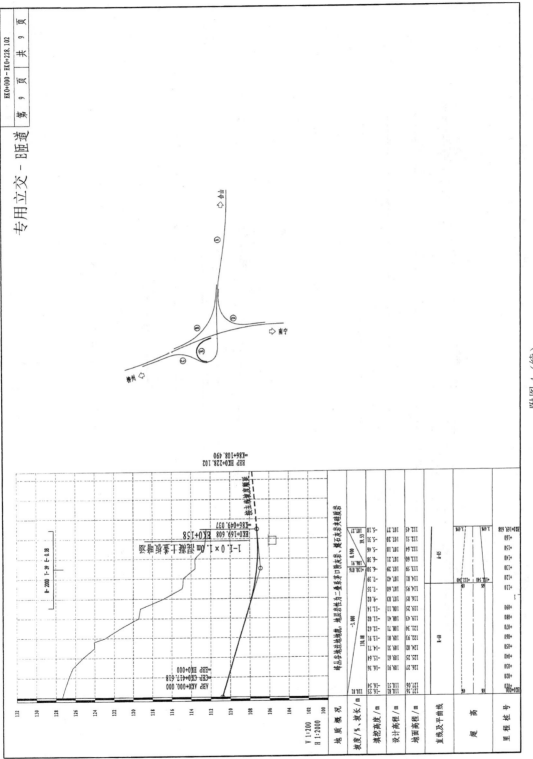

附图 4（续）

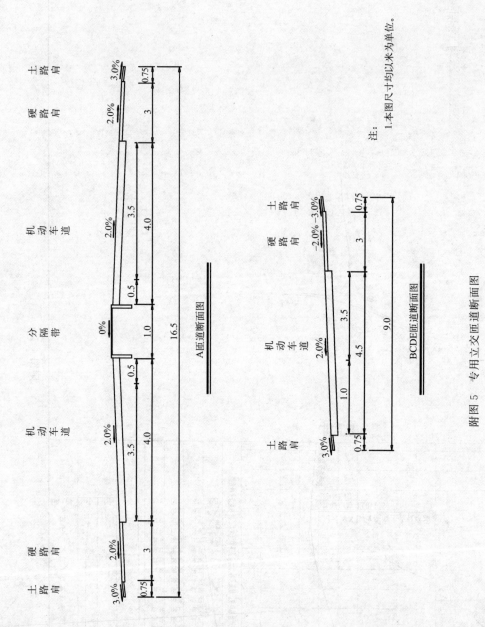

注:
1.本图图寸均以米为单位。

附图5 专用立交匝道断面图

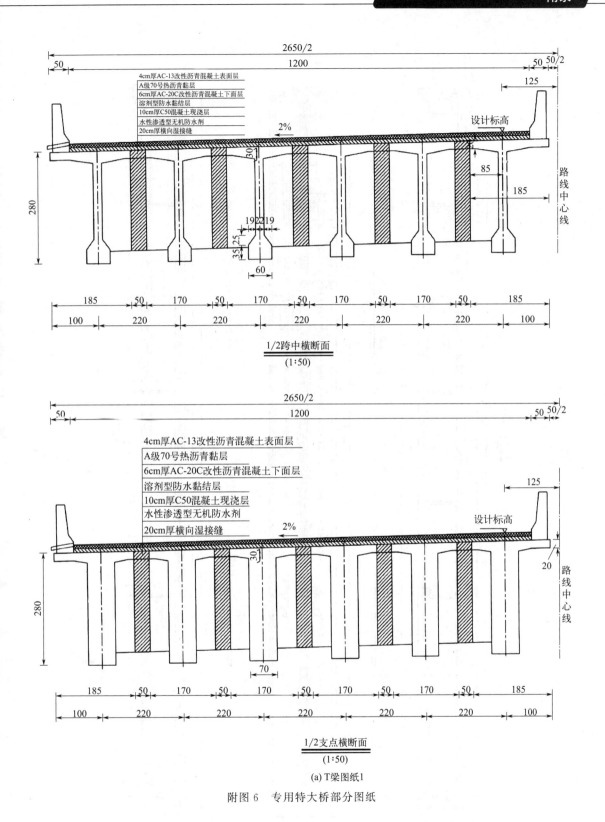

1/2跨中横断面

(1:50)

1/2支点横断面

(1:50)

(a) T梁图纸1

附图6 专用特大桥部分图纸

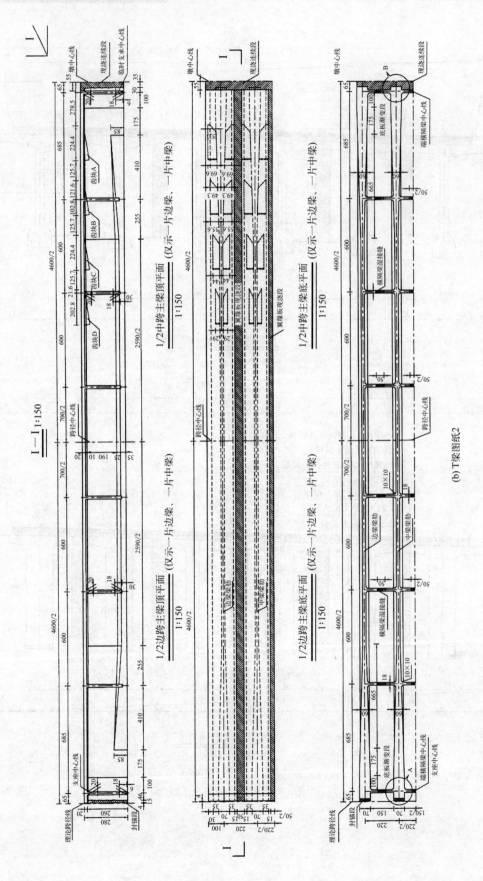

(b) T梁图纸2

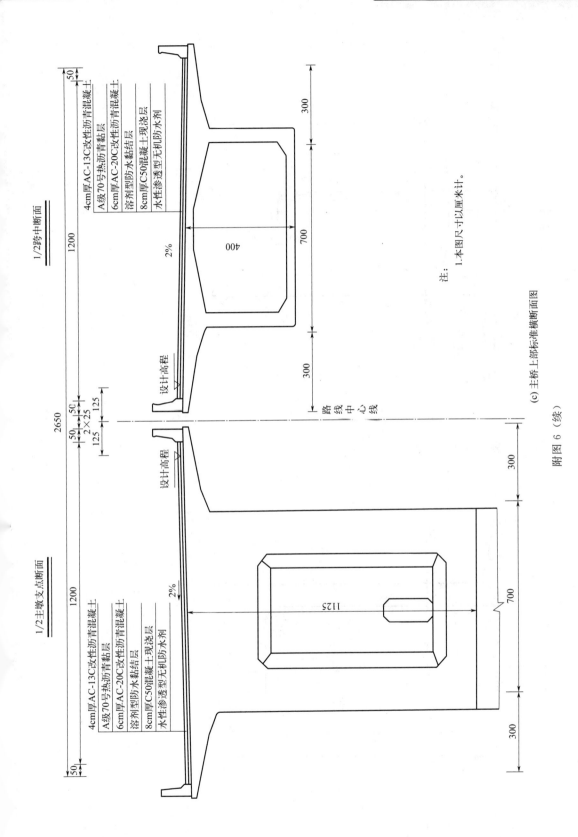

注：
1. 本图尺寸以厘米计。

（c）主桥上部标准横断面图

附图 6（续）

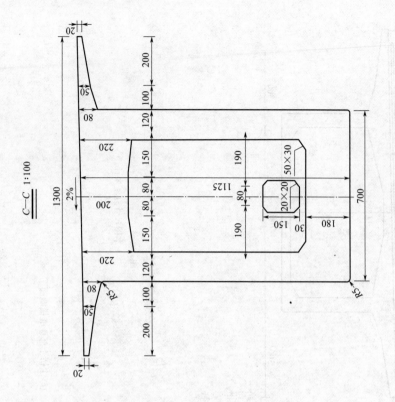

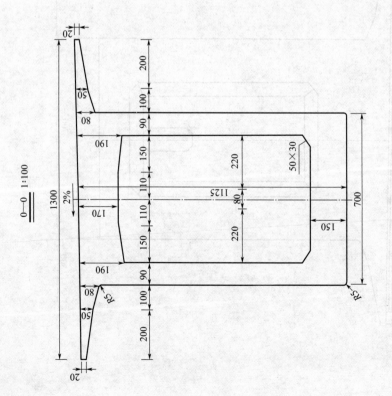

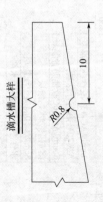

注：

1. 本图尺寸均以厘米为单位。

(d) 主桥箱梁一般构造图(横断面)

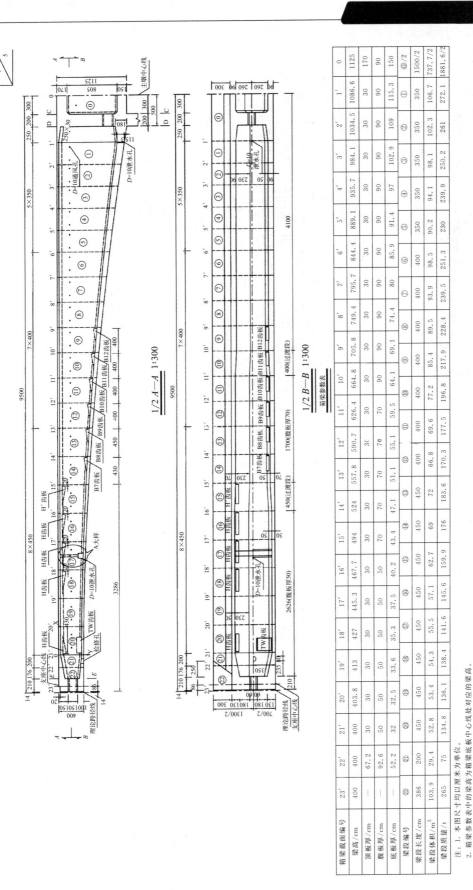

1/2 A—A 1:300

1/2 B—B 1:300

箱梁参数表

箱梁截面编号	0	1'	2'	3'	4'	5'	6'	7'	8'	9'	10'	11'	12'	13'	14'	15'	16'	17'	18'	19'	20'	21'	22'	23'
梁高/cm	1125	1086.6	1034.5	984.1	935.7	889.1	844.4	795.7	749.4	705.8	664.8	626.4	590.7	557.8	524	494	467.7	445.3	427	413	403.8	400	400	400
顶板厚/cm	170	30	30	30	30	30	30	30	30	30	30	30	30	30	30	30	30	30	30	30	30	30	67.2	—
腹板厚/cm	90	90	90	90	90	90	90	90	90	90	90	70	70	70	70	70	50	50	50	50	50	50	92.6	—
底板厚/cm	150	115.3	109	102.9	97	91.4	85.9	80	74.4	69.1	64.1	59.5	55.1	51.1	47.1	43.4	40.2	37.5	35.3	33.6	32.5	32	52.2	—
梁段编号	①/2	①	②	③	④	⑤	⑥	⑦	⑧	⑨	⑩	⑪	⑫	⑬	⑭	⑮	⑯	⑰	⑱	⑲	⑳	㉑	㉒	㉒
梁段长度/cm	1500/2	350	350	350	350	350	400	400	400	400	400	400	400	450	450	450	450	450	450	450	450	450	200	386
梁段体积/m³	737.7/2	106.7	102.3	98.1	94.1	90.2	98.5	93.9	89.5	85.4	77.2	69.6	66.8	72	69	62.7	57.1	55.5	54.3	53.4	52.8		29.4	103.9
梁段质量/t	1881.6/2	272.1	261	250.2	239.9	230	251.3	239.5	228.4	217.9	196.8	177.5	170.3	183.6	176	159.9	145.6	141.6	138.4	136.1	134.8		75	265

注：1. 本图尺寸中均以厘米为单位。
2. 梁高表中的梁高为箱梁底板中心线处对应的梁高。
3. 梁段混凝土体积及质量中未计入大肉板的材料数量。
4. 图中通气孔位置箱梁顶面150cm。与普通钢筋干扰时可适当移动通气孔。
5. 箱梁底板下缘曲线按抛物线变化，方程为 $y=0.0024925007x^{1.8}+4$；底板上缘曲线按抛物线变化，方程为 $y=0.0021899698x^{1.8}+3.68$。

(e) 主桥箱梁一般构造图（边跨立面）

附图6（续）

1/2 A—A 1:300

1/2 B—B 1:300

箱梁参数表

箱梁截面编号	0	1	2	3	4	5	6	7	8	9	10	11	12	13	14	15	16	17	18	19	20	21	22
梁高/cm	1125	1086.6	1034.5	984.1	935.7	889.1	844.4	795.7	749.4	705.8	664.8	626.4	590.7	557.8	524	494	467.7	445.3	427	413	403.8	400	400
顶板厚/cm	170	30	30	30	30	30	30	30	30	30	30	30	30	30	30	30	30	30	30	30	30	30	30
腹板厚/cm	90	90	90	90	90	90	90	90	90	90	90	70	70	70	70	70	50	50	50	50	50	50	50
底板厚/cm	150	115.3	109	102.9	97	91.4	85.9	80	74.4	69.1	64.1	59.5	55.1	51.1	47.1	43.4	40.2	37.5	35.3	33.6	32.5	32	32
梁段编号	⑩/2	①	②	③	④	⑤	⑥	⑦	⑧	⑨	⑩	⑪	⑫	⑬	⑭	⑮	⑯	⑰	⑱	⑲	⑳	㉑	⑩/2
梁段长度/cm	1500/2	350	350	350	350	350	400	400	400	400	400	400	400	400	450	450	450	450	450	450	450	450	100
梁段混凝土体积/m³	737.7/2	106.7	102.3	98.1	94.1	90.2	98.5	93.9	89.5	85.4	77.2	69.6	66.8	66.8	72	69	62.7	57.1	55.5	54.3	53.4	52.8	11.7
梁段质量/t	1881.6/2	272.1	261	250.2	239.9	230	251.3	239.5	228.4	217.9	196.8	177.5	170.3	170.3	183.6	176	159.9	145.6	141.6	138.4	136.1	134.8	29.8

注：1. 本图尺寸均以厘米为单位。

2. 箱梁参数表中的梁高为箱梁高方箱梁底板中心线处对应的梁高。

3. 梁段混凝土体积及质量中未计入人腹板顶面150cm。

4. 图中通气孔位置距箱梁顶板顶面150cm，与普通防干扰时可适当移动通气孔。

5. 箱梁底板下缘曲线按抛物线变化，方程为 $y=0.0024925007x^{1.8}+4$；底板上缘曲线按抛物线变化，方程为 $y=0.0021899698x^{1.8}+3.68$。

（f）主桥箱梁一般构造图（中跨立面）

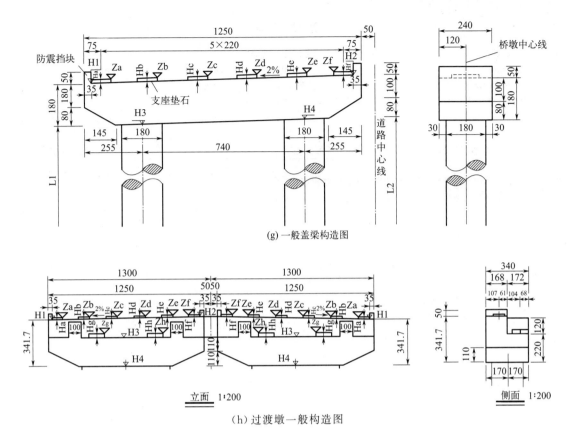

(g) 一般盖梁构造图

立面 1:200   侧面 1:200

（h）过渡墩一般构造图

项目	桥墩高度/m	系梁高度1/m	系梁高度2/m	桩基长度/m
1#左幅	9.307			25
1#右幅	9.738			27
2#左幅	14.703	7.909		23
2#右幅	15.529	8.735		30
3#左幅	12.372	5.772		30
3#右幅	12.736	5.772		30
4#左幅	24.542	15.942	7.442	30
4#右幅	24.396	15.942	7.442	30
5#左幅	25.943	17.143	9.088	30
5#右幅	25.943	17.143	9.088	30
6#左幅	31.9	22.12	12.065	30
6#右幅	30.873	22.12	12.065	30
7#左幅	24.055	15.262	7.762	29
7#右幅	25.898	15.262	7.762	29
8#左幅	11.248			25
8#右幅	11.24			27

（i）梁桥下部结构数据

附图 6（续）

参 考 文 献

［1］ 周志，赵雪峰，吴玉怀 . BIM 原理总论 ［M］. 北京：中国建筑工业出版社，2017.

［2］ 闫博华 . 谈 BIM 技术在公路行业的发展和应用 ［J］. 山西建筑，2016，42（16）：160-161，215.

［3］ 孙敬 . BIM 技术在工程造价管理中的应用 ［J］. 工程建设与设计，2023（17）：154-156.

［4］ 罗晓峰，甘静艳 . 桥梁 BIM 建模与应用 ［M］. 北京：机械工业出版社，2020.

［5］ 中交第一公路勘察设计研究院有限公司 . 公路路线设计规范：JTG D20—2017 ［S］. 北京：人民交通出版
社，2017.

［6］ 中华人民共和国住房和城乡建设部 . 城市道路工程设计规范：CJJ 37—2012 ［S］. 北京：中国建筑工业出版
社，2012.

［7］ 杨少伟 . 道路勘测设计 ［M］. 北京：人民交通出版社，2011.

［8］ 张维丽 . 桥梁构造识图与施工 ［M］. 北京：人民交通出版社，2022.